KURZE EINFÜHRUNGEN
IN DIE GERMANISTISCHE LINGUISTIK

Band 9

Herausgegeben von
Jörg Meibauer
und
Markus Steinbach

RENATE MUSAN

Informations-struktur

Universitätsverlag
WINTER
Heidelberg

Bibliografische Information der Deutschen Nationalbibliothek

Die Deutsche Nationalbibliothek verzeichnet diese Publikation in der Deutschen Nationalbibliografie; detaillierte bibliografische Daten sind im Internet über *http://dnb.d-nb.de* abrufbar.

ISBN 978-3-8253-5730-6

Imprimé en Allemagne · Printed in Germany
Druck: Memminger MedienCentrum, 87700 Memmingen

Gedruckt auf umweltfreundlichem, chlorfrei gebleichtem und alterungsbeständigem Papier

Den Verlag erreichen Sie im Internet unter:
www.winter-verlag-hd.de

www.kegli-online.de

Vorwort

Die Gestalt eines Satzes hängt zu einem wesentlichen Teil davon ab, wie er in den weiteren Redezusammenhang eingepasst ist. Das schlägt sich beispielsweise in der Wahl der Wortstellung, der Intonation oder auch bei der Wahl bestimmter lexikalischer Mittel nieder; diese Mittel bilden die ‚Informationsstruktur' des Satzes, mit der sich diese Einführung befasst. Dafür werden gewisse elementare Kenntnisse vorausgesetzt, beispielsweise über die Stellungsfelder des deutschen Satzes oder über Satzgliedanalyse; das gilt durchgehend für alle Kapitel des Buches. Die Kapitel 1 bis 4 beschäftigen sich dabei mit den Grundlagen der Informationsstrukturtheorie; die weiteren Kapitel 5 bis 10 bauen darauf auf und behandeln wichtige weitergehende Aspekte der Theorie.

Die Themen, die in diesem Buch behandelt werden, sind in vielen Bereichen der Sprachwissenschaft nützlich: Insbesondere helfen sie dabei, beispielsweise stilistische Feinheiten in Texten aufzudecken, Besonderheiten der gesprochenen Sprache zu verstehen oder gewisse Aspekte des Spracherwerbs einzuordnen. Deutschlehrern wiederum können Kenntnisse der Informationsstruktur dabei helfen, sich klar zu machen, warum manche Sätze ihrer Schüler eigenartig klingen und nicht so recht in den Kontext zu passen scheinen.

Ich danke Kim Eixler, Wolfgang Klein, Jörg Meibauer, Nathalie Nicolay, Rolf Thieroff und Solvejg Schulz für ihre aufmerksame Lektüre und die daraus resultierenden Kommentare, Verbesserungsvorschläge und Präzisierungen.

Inhaltsverzeichnis

1. Worum es geht: Erste Grundlagen 1

2. Die Dimension von Bekanntheit und Unbekanntheit.................. 4
2.1 Die Einführung von Diskursreferenten 4
2.2 Der Rückbezug auf Diskursreferenten 7
2.3 Genauere Abstufungen von Bekanntheit 9
2.4 Anaphernresolution: Suche nach Antezedentien 13
2.5 Bekanntheit und prosodische Markierung 18
2.6 Diskursreferenten und Informationen im engeren Sinne 20
2.7 Bekanntheit, Akzent und die Ausdrucksebene 21
2.8 Bekannt vor unbekannt im Mittelfeld 22

3. Die Dimension von Topik und Kommentar 25
3.1 Grundidee und Identifikationsschwierigkeiten 25
3.2 Noch einmal Fragetests 28
3.3 Bekanntes und Unbekanntes in Topik und Kommentar 29
3.4 Sätze mit mehreren Topiks 30
3.5 Thetische Sätze: Sätze ohne Topik 30
3.6 Topiks und die grammatische Funktion „Subjekt“ 32
3.7 Topiks in besonderen syntaktischen Konstruktionen 33
3.8 Topiks in der Vorfeld-Position 35
3.9 Topiks am linken Rand des Mittelfeldes 36
3.10 Topik und Kommentar im Text 37
3.11 Topik und Rahmensetzung 39

4. Die Dimension von Fokus und Hintergrund 42
4.1 Verschiedene Funktionen von Fokus 42
4.2 Fokusakzent, seine Platzierung und Projektion 46
4.3 Verum-Fokus 51
4.4 Bekanntes und Unbekanntes im Fokus 52
4.5 Sätze mit mehreren Foki 52
4.6 Fokus und Wortstellung im Mittelfeld 53
4.7 Die Vielseitigkeit prosodischer Mittel im Deutschen 55

5. Irrungen, Wirrungen: Terminologie und Empirie 59

6. Komplexe Informationsstrukturen: Kontrastive Topiks 62

7. Wortstellung 64
7.1 Das Problem 64
7.2 Faktoren für die Besetzung des Vorfelds 65
7.3 Wortstellungsfaktoren im Mittelfeld 68

8. Andere Sprachen, andere Mittel 73

9. Text, Quaestio und Informationsstruktur 79
9.1 Quaestio, Hauptstruktur und Nebenstruktur 79
9.2 Quaestio und Informationsstruktur einzelner Äußerungen 81
9.3 Komplexere Texte: Quaestio und Sub-Quaestiones 88

10. Auf und davon 91

Literatur 93

Glossar 97

Sachregister 99

1. Worum es geht: Erste Grundlagen

Menschen kommunizieren ständig. Kommunikation kann unterschiedliche Ziele verfolgen – ein Reiseerlebnis mitzuteilen zum Beispiel, sich beim Smalltalk der gegenseitigen nachbarlichen Freundlichkeit zu versichern oder jemanden zum Kauf einer alten Klapperkiste zu überreden. Immer aber geht es dabei auch um den Austausch von Information. Deswegen ist es nicht verwunderlich, dass wir unsere sprachlichen Äußerungen möglichst so gestalten, dass die zu übermittelnde Information besonders gut zur Geltung kommt. Dazu müssen die einzelnen Sätze geschickt in den fortlaufenden Informationsfluss eingepasst werden. Um dies erreichen zu können, stellen alle Sprachen bestimmte Mittel bereit, die dem Satz eine bestimmte **Informationsstruktur** verleihen können. Sie kommt dadurch zustande, dass **Sprecher** (oder allgemeiner: Produzenten, denn die Verhältnisse sind in gesprochener und geschriebener Sprache ähnlich) ihre Äußerungen an ihre eigenen Kommunikationsziele sowie auch an den **Informationsstand** eines **Hörers** (oder allgemeiner: Rezipienten) anpassen. Wir haben – je nachdem, ob wir sprechen oder schreiben – verschiedene sprachliche Mittel zur Gestaltung der Informationsstruktur zur Verfügung.

Zum Beispiel können wir signalisieren, ob etwas bekannt oder unbekannt ist; Sprachwissenschaftler sprechen in diesem Zusammenhang von der Dimension der **Bekanntheit** oder – in der oft englischsprachigen Fachliteratur – von ‚Givenness' (dt. Gegeben-Sein). Ein einfaches Beispiel dafür ist, dass man einen Satz wie (1a) nur äußern wird, wenn man davon ausgeht, dass der Zuhörer weiß, von welchem Strumpf die Rede ist. Wenn man aber davon ausgehen muss, dass dem Zuhörer der bestimmte Strumpf nicht gegenwärtig ist, wird man stattdessen den Satz (1b) äußern.

(1) a. Ich habe gestern *den* Strumpf gestopft.
   b. Ich habe gestern *einen* Strumpf gestopft.

Man nutzt dabei die Wahl zwischen definitem und indefinitem Artikel. Der eine wird hier benutzt, um einen bekannten Strumpf zu nennen, der andere eignet sich dafür, einen noch nicht erwähnten Strumpf in das Gespräch einzuführen. Entscheidend ist dabei, wie man – mehr oder weniger unbewusst – den Informationsstand des Rezipienten einschätzt: Weiß er, von welcher Socke die Rede ist oder nicht? Dementsprechend unterscheiden wir zwischen bekannt und unbekannt (bzw. ‚given' und ‚new').

Oder wir können die Wortstellung in einem Satz so gestalten, dass wir das, worüber wir reden, das **Topik** des Satzes, vergleichbar mit einer Überschrift vor den Anfang des Satzes stellen -- entweder einfach so (2a) oder eingebettet in einen kleinen Nebensatz (2b).

(2) a. *Mark*, den habe ich leider lange nicht mehr gesehen.
b. Was *Katja* betrifft, ihr geht es wieder gut.

Der Rest des Satzes wird als **Kommentar** bezeichnet.

Oder wir können beim Sprechen einen Ausdruck mit einem besonders starken **Akzent** betonen. Das ist natürlich ein Verfahren, das uns im Gegensatz zu den oben genannten Mitteln nur in der gesprochenen Sprache zur Verfügung steht. Um diesen Akzent in der Fachliteratur trotzdem darstellen zu können, schreibt man die akzentuierte Silbe in Großbuchstaben. (3) zeigt zwei Beispielsätze.

(3) a. Eva hat eine KATze, Sonja einen HUND.
b. Nur die BESten Studenten bekommen eine Eins.

Wir drücken hier aus, dass wir das Akzentuierte mit etwas anderem vergleichen, als **Alternative** zu etwas anderem betrachten. In (3a) werden Katze und Hund als Alternativen betrachtet, in (3b) werden die besten Studenten als Alternative zu weniger guten betrachtet. Eine in dieser Weise markierte Einheit nennt man in der Fachliteratur **Fokus**, der Rest des Satzes wird von den meisten Fachleuten als **Hintergrund** bezeichnet.

Wir haben in den Beispielen (1) – (3) unterschiedliche Arten von sprachlichen Mitteln verwendet, um die drei informationsstrukturellen Dimensionen Bekanntheit, Topikalität und Fokus zu markieren. Die Wahl des Artikels wie in (1) ist ein **lexikalisches Mittel**. Die Wortstellung und die Verwendung besonderer Konstruktionen wie in (2) gehören zu den **syntaktischen Mitteln**. Die Verwendung von besonderen Akzentmustern wie in (3) ist ein **prosodisches Mittel**.

Zur Kennzeichnung der einzelnen Dimensionen stehen uns in der natürlichen Sprache jeweils durchaus auch noch andere Mittel zur Verfügung. Wir werden sie im Verlaufe der nächsten Kapitel besprechen. Dabei werden wir uns in Kapitel 2 zunächst mit Bekanntheit befassen, in Kapitel 3 mit Topik und Kommentar und in Kapitel 4 mit Fokus und Hintergrund.

Nach diesen Kapiteln gibt Kapitel 5 einen Überblick darüber, warum die Fachliteratur zur Informationsstrukturtheorie oft wenig zugänglich ist: Zum einen sind die vielen terminologischen Varianten, die sich auf diesem Gebiet der Sprachwissenschaft besonders reichlich tummeln, ein notorisches Problem. Zum anderen ist das Gebiet aber auch sachlich komplex. Das wird auch in Kapitel 6 deutlich: Hier betrachten wir exemplarisch die so genannten kontrastiven Topiks, bei denen die Dimensionen von Fokus und Topikalität interagieren.

Kapitel 7 fasst des besseren Überblicks halber verschiedene Fakten zur Wortstellung des Deutschen zusammen. Eine solche Zusammenfassung erscheint sinnvoll, weil im Bereich der Wortstellung im Deutschen recht viele Faktoren eine Rolle spielen, die zum Teil auch miteinander konkurrieren. Deswegen ist es manchmal wichtig zu verstehen, ob bestimmte Wortstellungsmuster überhaupt etwas mit Informationsstruktur zu tun haben oder vielleicht ganz anders begründet sind.

Kapitel 8 soll ein wenig den Blick über den Gartenzaun öffnen: Es illustriert exemplarisch, wie andere Sprachen mit Informationsstruktur umgehen.

Kapitel 9 schließlich soll dazu einladen, ein paar elementare Zusammenhänge zwischen dem Aufbau von ganzen Texten – der Textstruktur – und der Informationsstruktur von einzelnen Sätzen zu überdenken.

Kapitel 10 beschließt das Buch und gibt ein paar Hinweise für diejenigen Leser, die das Thema gerne weiterverfolgen möchten.

Zusammenfassung: Unter Informationsstruktur versteht man die Art, wie Sätze an den Kontext angepasst werden hinsichtlich Dimensionen wie Bekanntheit/Unbekanntheit, Topik/Kommentar und Fokus/Hintergrund. Dabei kommen verschiedene sprachliche Darstellungsmittel zum Einsatz, zum Beispiel lexikalische, prosodische und syntaktische Mittel.

Grundbegriffe: Informationsstruktur, Sprecher/Produzent, Hörer/Rezipient, Informationsstand, Bekanntheit, Givenness, Topik, Kommentar, Fokus, Hintergrund, Alternativen, Akzent, Großschreibungsmarkierung von Akzenten, lexikalische Mittel, syntaktische Mittel, prosodische Mittel.

2. Die Dimension von Bekanntheit und Unbekanntheit

Dieses Kapitel behandelt die Dimension von Bekanntheit und Unbekanntheit detaillierter. Dazu werden wir uns zunächst genauer damit befassen, wie Individuen, Gegenstände, Zeiten, Orte usw. als bekannt oder unbekannt markiert werden können. Danach werden wir die Dimension in Bezug auf Sachverhalte und Informationen im engeren Sinne betrachten.

2.1 Die Einführung von Diskursreferenten

Da es recht kompliziert ist, immer von „Individuen, Gegenständen, Zeiten, Orten usw." zu sprechen, kann man sie auch unter einem allgemeineren Begriff des Individuums zusammenfassen – man könnte ja auch etwas abstrakter sagen, dass zum Beispiel ein Ort wie Osnabrück oder eine Zeit wie der Neujahrstag Individuen sind.

Rezipienten – Hörer oder Leser – entwerfen, wenn sie mit einem Text oder Diskurs konfrontiert sind, so etwas wie eine gedankliche Teilwelt, eine Vorstellung, die auf den jeweiligen Redezusammenhang zugeschnitten ist, ein so genanntes **Diskursuniversum**. Weil die Individuen, die in einem Text oder Diskurs erwähnt werden, damit zu einem Teil des Diskursuniversums werden, bezeichnet man sie oft auch als **Diskursreferenten**. Wie ich oben schon gesagt hatte, muss es sich dabei nicht unbedingt um menschliche Individuen handeln; Tiere, Pflanzen, Gegenstände, Orte, Zeiten und natürlich auch abstraktere Entitäten wie die Freiheit, das Wetter oder der Dreißigjährige Krieg verhalten sich in dieser Hinsicht im Prinzip gleich.

Kein Text oder Diskurs kommt aus, ohne Individuen zu erwähnen. Wird ein Individuum in einem Text oder Diskurs erwähnt, so muss logischerweise irgendwo der Punkt sein, an dem es das erste Mal in diesem Text oder Diskurs erwähnt wird; wir sprechen auch davon, dass es in den Text oder Diskurs eingeführt wird. Ist ein Individuum einmal in einen Text oder Diskurs eingeführt, so kann man sich darauf zurückbeziehen. Sowohl für die Einführung von Diskursreferenten als auch für den Rückbezug auf Diskursreferenten gelten einige Gesetzmäßigkeiten. Wir wollen hier zunächst die **Einführung von Diskursreferenten** genauer betrachten. Dazu schauen wir uns Auszüge aus einigen Texten an.

Man kann Diskursreferenten mit einem ganz ausdrücklichen Akt der Vorstellung einführen. Das macht Christine Nöstlinger am Anfang von „Mini fährt ans Meer" (Wien: Dachs-Verlag, 2000). Hier gibt es sogar illustrierende Bilder, so dass der Text eine Vorstellung im wirklichen Leben nachspielt:

(1) Das ist die MINI.
(Mit vollem Namen: Hermine Zipfel.)
[Bild mit Mini]
Sie hat gerade das erste Schuljahr hinter sich.
Das ist die Familie der Mini:
[Bild mit der Familie]
Die Mama Lisi, der Papa Peter, der Bruder Moritz, die Katze Mauz und die Oma.

Ausführliche direkte Einführungen von Diskursreferenten können natürlich auch ohne Bilder, also rein verbal, vorgenommen werden. Dies kann man gut damit illustrieren, wie Otfried Preußler in „Der Räuber Hotzenplotz" (Stuttgart: Thienemann, 1962) den Räuber einführt:

(2) Großmutter blickte verwundert auf und rückte an ihrem Zwicker.
Vor ihr stand ein fremder Mann mit einem struppigen schwarzen Bart und einer schrecklichen Hakennase im Gesicht. Auf dem Kopf trug er einen Schlapphut, an dem eine krumme Feder steckte, und in der rechten Hand hielt er eine Pistole. Mit der Linken zeigte er auf Großmutters Kaffeemühle.
„Her damit, sage ich!"

Hier werden sehr viele Informationen über den Räuber und sein Outfit gegeben. Kurz danach wird er dann auch namentlich vorgestellt.

Mindestens ebenso üblich ist es, Diskursreferenten durch eine indefinite Nominalphrase einzuführen. Das wird in (3) für „Das kleine Gespenst" von Otfried Preußler illustriert (Stuttgart: Thienemann, 1966):

(3) Auf Burg Eulenstein hauste seit uralten Zeiten ein kleines Gespenst. Es war eines jener harmlosen kleinen Nachtgespenster, die niemandem etwas zuleide tun, außer man ärgert sie.

Dies sind jedoch nicht die einzigen Methoden, wie Diskursreferenten in einem Text das erste Mal erwähnt werden können. Hier ist der Beginn von Otfried Preußlers „Der Räuber Hotzenplotz":

(4) Einmal saß Kasperls Großmutter auf der Bank vor ihrem Häuschen in der Sonne und mahlte Kaffee. Kasperl und sein Freund Seppel hatten ihr zum Geburtstag eine neue Kaffeemühle geschenkt, die hatten sie selbst erfunden. Wenn man daran kurbelte, spielte sie „Alles neu macht der Mai", das war Großmutters Lieblingslied.

In diesem Text ist von Kasperl und der Großmutter die Rede, als seien sie schon längst eingeführt worden; es wird präsupponiert, d.h. einfach vorausgesetzt, dass diese beiden Individuen (natürlich in der fiktiven Welt der Erzählung) existieren und sie werden durch Eigennamen beziehungsweise definite Nominalphrasen wiedergegeben. Das stellt den Leser aber keineswegs vor Probleme. Er entwirft einfach ein entsprechendes Diskursuniversum, in dem eben die beiden Diskursreferenten vorgesehen sind. Das Verfahren, bei dem ein Diskursreferent aufgrund einer stillschweigenden **Präsupposition** in ein Diskursuniversum eingebaut wird, nennt man **Akkommodation**.

Etwas ähnlich, aber doch auch anders, ist die Einführung des Seppel. Seppl wird dabei durch den Ausdruck *Kasperl und sein Freund Seppel* mit dem an diesem Punkt bereits bekannten Kasperl verknüpft.

Interessant ist auch Christine Nöstlingers weiteres Vorgehen in der Mini-Geschichte, nachdem die Hauptperson vorgestellt wurde (5). Mini wird etwas genauer beschrieben. Dann wird im dritten Satz noch einmal aufgegriffen, dass Mini zur Schule geht. Im darauf folgenden Satz wird dann das erste Mal ihre Schulklasse erwähnt. Allerdings wird diese weder durch eine Beschreibung noch durch eine indefinite Nominalphrase eingeführt.

(5) Die Mini ist ein sehr großes Mädchen. Früher hat sie sich für ihre „Überlänge" geniert. Aber seit sie in die Schule geht, ist das anders. Weil in ihrer Klasse noch etliche andere sehr große Kinder sind. Und weil ihre Freundin, die Maxi, oft zu ihr sagt: „Mini, ich wäre wahnsinnig gern so groß wie du!"

Das geht hier gut, weil unser **Weltwissen** uns sagt, dass zu einer Schule eine ganze Menge Individuen gehören – zum Beispiel die Lehrer, ein Hausmeister und selbstverständlich eben auch die Klassen mit den Schülern.

Noch einmal anders ist die Lage bei Individuen wie dem Atlantik, der Bundeskanzlerin oder dem Mond. Sie sind sehr fest in unserem Weltwissen verankert und kommen zudem nur einmal vor; deswegen sind sie in gewisser Weise immer soweit bekannt, dass man sich mit einer definiten Nominalphrase auf sie beziehen kann.

Wie auch immer die Einführung von Diskursreferenten erfolgt – sobald sie vorgenommen wurde, sind die betreffenden Referenten im Diskursuniversum verfügbar: Es ist möglich, sich auf sie zurück zu beziehen.

2.2 Der Rückbezug auf Diskursreferenten

Der **Rückbezug** auf Diskursreferenten und die Bedingungen, unter denen er funktioniert, ist zum Teil etwas verwickelt. Wenn wir die Sätze in (6) anschauen, bemerken wir Folgendes: Offenbar kann man problemlos in zwei hintereinander stehenden Sätzen eine **indefinite** und dann eine **definite** Nominalphrase verwenden und sich damit auf dasselbe Individuum zu beziehen; das ist in (6a) dadurch gekennzeichnet, dass rechts neben dem entsprechenden Nomen der gleiche **Index** „1" steht. Die eingeklammerte Nominalphrase im zweiten Satz kann jedoch nicht indefinit sein und sich zugleich auf den schon im vorigen Satz eingeführten Gegenstand beziehen, wie (6b) zeigt. Hier ist es nicht möglich, sich mit dem Ausdruck *einen Koffer* im zweiten Satz auf denselben Koffer zu beziehen wie im ersten Satzpaar (6a); das wird dadurch vermerkt, dass der Zahlindex neben dem zweiten Vorkommen von *Koffer* ein Sternchen „*" – in der Fachliteratur oft Asterisk genannt – trägt. Wohl aber könnte natürlich ein anderer Koffer gemeint sein, von dem bisher noch nicht die Rede war.

(6) a. Vor dem Haus stand [ein Koffer]$_1$. Tim trug [den Koffer]$_1$ hinein.
b. Vor dem Haus stand [ein Koffer]$_1$. Tim trug [einen Koffer]$_{*1}$ hinein.

Den Bezug auf ein Individuum gleich welcher Art nennt man auch **Referenz**, und wenn zwei Ausdrücke auf dasselbe referieren, bezeichnet man sie als **koreferent**. *Ein Koffer* und *den Koffer* in (6a) sind also koreferent, *ein Koffer* und *einen Koffer* in (6b) hingegen sind nicht koreferent. Ob Koreferenz möglich ist oder nicht, wird in (6) durch **lexikalische Mittel** gesteuert: Die Wahl des einen oder des anderen Artikelwortes ist für den Rückbezug oder dessen Verbot verantwortlich.

Im Allgemeinen führen also Nominalphrasen mit indefinitem Artikel unbekannte Diskursreferenten ein, während definite Artikel bekannte Diskursreferenten wieder aufnehmen. Das gilt so allerdings nicht ausnahmslos: Die Artikel haben auch andere Verwendungsmöglichkeiten, z.B. den generischen Gebrauch in Sätzen wie *Die Schildkröte kann sehr alt werden* oder *Ein Pinguin kann nicht fliegen*, in denen sich die Nominalphrasen jeweils auf (Tier-)Arten oder ihre typischen Vertreter beziehen, nicht auf Individuen.

Geradezu prädestiniert für einen Rückbezug sind natürlich **Pronomen** – wobei man hier den Begriff „Rückbezug" nicht allzu wörtlich nehmen darf, denn ein Pronomen kann sein Bezugswort oder **Antezedens** nicht nur im vorangehenden Text haben, sondern manchmal auch im nachfolgenden Text. Im erstgenannten Fall spricht man von **anaphorischem** Bezug (7a), im zweitgenannten von **kataphorischem** (7b).

(7) a. Als [Band 5]$_1$ erschien, habe ich *ihn*$_1$ sofort gekauft.
b. Als *er*$_1$ erschien, habe ich [Band 5]$_1$ sofort gekauft.

Die Beispiele in (7) zeigen Rückbezüge von Personalpronomen. Natürlich können auch andere Arten von Pronomenwörtern Rückbezüge haben, z.B. Demonstrativpronomen (8a) oder Possessivpronomen (8b).

(8) a. Hanna probiert Bohrmaschinen$_1$ aus. *Diese*$_1$ ist besonders gut.
b. Hanna$_1$ leiht Sander *ihr*$_1$ Auto.

Über die Pronomen hinaus, die ja eigentlich *pro nomen*, also für Nominalausdrücke, stehen, kann man weitere Arten von **Pro-Wörtern** finden, z.B. Pronominaladverbien wie *wobei* und *damit* und andere Pro-Adverbien wie *dort*, *danach* oder *so*.

(9) a. [Simone zieht um,]$_1$ *wobei*$_1$ Christian ihr hilft.
b. Leonard fährt [den Wagen]$_1$. *Damit*$_1$ kann er gut umgehen.
c. Wir treffen uns [im Balou]$_1$. *Dort*$_1$ gibt es gute Apfelpfannkuchen.
d. [Wir essen Apfelpfannkuchen.]$_1$ *Danach*$_1$ bestellen wir Espresso.
e. Der König behauptete, [geliebt zu werden]$_1$. *So*$_1$ war es aber nicht.

Übrigens haben nicht alle Pro-Wörter bei jedem ihrer Vorkommen Bezugsausdrücke in ihrer Textumgebung. Pro-Wort-Vorkommen können auch **deiktisch** sein, d.h. dass sie sich – indem sie auf etwas in der Welt hinweisen – aus dem situativen Kontext nähren wie *der* in (10a). Manche Pro-Wörter sind sogar immer deiktisch, so beispielsweise *ich* und *du* oder die Höflichkeitsanredeform *Sie* (10b).

(10) a. [Verstohlen deutend:] *Der* ist vielleicht doof!
b. [Bei einer Begegnung:] Guten Tag! *Ich* hatte *Sie* gar nicht gesehen!

Dabei kann der situative Kontext durchaus auch einmal komplizierter sein. Wenn meine Mutter abends um halb zehn anruft und als erstes sagt: „Hallo. Mutti hier. Na, schläft sie schon?", dann ist ohne jede weitere Erklärung sonnenklar, dass meine Tochter gemeint ist. Entscheidend ist also, dass die Pro-Wörter einen Bezug haben sollten; wie sie dazu kommen, kann durchaus unterschiedlich sein.

Aufgabe 1: Die folgenden NPs enthalten verschiedene Artikelwörter. Welche der Artikelwörter ‚zwingen' die NPs dazu, neue Individuen in den Diskurs einzuführen? Welche können dazu verwendet werden, sich auf bereits eingeführte Individuen zu beziehen? Wie testen Sie dies?
a. sein Koffer, b. einige Koffer, c. alle Koffer, d. irgendwelche Koffer, e. jener Koffer.
Aufgabe 2: Untersuchen Sie in dem folgenden Text die markierten Ausdrücke. Beantworten Sie dabei jeweils folgende Fragen:

a.) Beziehen sich die Ausdrücke jeweils auf einen neuen/unbekannten oder auf einen alten/bekannten Diskursreferenten? Wenn er neu ist: Wie wird er eingeführt? Explizit, durch Verknüpfung mit etwas Vorerwähntem oder durch Präsupposition und Akkommodation?
b.) Woher erlangt der Ausdruck seine Bedeutung? Aus dem sprachlichen Kontext, aus dem nichtsprachlichen Kontext oder aus Ihrem Weltwissen?
c.) Wenn ein bekannter Ausdruck seine Bedeutung aus dem sprachlichen Kontext erhält: Wie weit entfernt ist sein Antezedens?
Ich *habe* eine Schwester. Sie *verbringt viel Zeit in* ihrem Garten, *der wunderschön angelegt ist.* Die Rosen *und* der Teich *sind besonders schön. Wenn* die Sonne *auf* dem Wasser *glitzert und* die Frösche *quaken, ist* es dort *besonders romantisch.* Sie *kommt* mich demnächst *besuchen und wird mich dann wegen* meines Gartens *beraten.* Jetzt *wachsen in* ihm *nämlich* viele sehr große Büsche *und* das *ist ein Problem.* Wir *werden* es *bestimmt lösen!*
Aufgabe 3: Setzen Sie in dem folgenden Text alle Indizes, die man braucht, um die intendierten anaphorischen Beziehungen zu kennzeichnen (aus: Musan (2008)).
Einmal lebte ein süßes Mädchen, genannt Luise, die hatte jeder lieb, der sie nur ansah, am allerliebsten aber ihre Großmutter. Die schenkte ihm ein rotes Käppi mit einem rosa Pompon, welche Kopfbedeckung natürlich völlig indiskutabel war. Unsere Protagonistin schämte sich und trug das Käppi nur gelegentlich, um ihrer Oma einen Gefallen zu tun, denn sie mochten einander sehr. An manchen Tagen sollte dieses Mädchen zu seiner Großmutter in den Wald gehen, um ihr etwas zu bringen. An jenem Tag, von welchem man heute noch oft erzählen hört, waren es mehrere Flaschen Wein und etliche belegte Brötchen. Kurz hinter der dritten Bank begegnete ihr ein Wolf. Sie starrten sich erschrocken an. Als der Wolf ihr ihren Korb aus den Händen riss, brüllte Luise: „Du spinnst wohl! Das ist meiner! Was denkst du dir eigentlich!?“ Da sprach der Wolf: „Ach, ich habe solchen Hunger! Hast du nicht wenigstens ein Brötchen für mich?“ Das Mädchen dachte nach und meinte dann: „Okay, wenn du meine Mütze stiehlst, gebe ich dir ein Brötchen! Welche Sorte hättest du denn gerne?“ Dem Wolf kam dies zwar reichlich eigenartig vor, aber weil sein Hunger so groß war, willigte er ein, wählte ein Salami-Brötchen aus und ging seiner Wege. Und Luise lief fröhlich weiter, um der Großmutter alles zu berichten.

2.3 Genauere Abstufungen von Bekanntheit

Im vorigen Abschnitt haben wir zwei Zustände von Diskursreferenten unterschieden, bekannt und unbekannt. Denkt man aber einmal genauer darüber nach, dann wird einem klar, dass diese Unterscheidung allzu einfach ist.

Schauen wir uns den Text in (11) an. Die Frage, die wir uns stellen müssen, ist, ob der Koffer von Herrn Sotterbeck, wenn er 40 Seiten nach seiner Einführung wieder erwähnt wird, als ‚bekannt' oder als ‚unbekannt' zählen sollte. Vermutlich gilt weder das eine, noch das andere so richtig; der Status des Koffers scheint irgendwo dazwischen zu liegen. Damit verbunden ist die Frage, mit welchen Ausdrücken man sich an diesem Punkt auf den Koffer beziehen könnte und mit welchen nicht.

(11) Vor dem Haus stand [ein Koffer]$_1$. Tim trug [den Koffer]$_1$ hinein. Er$_1$ gehörte dem Gast aus Zimmer 37, einem gewissen Herrn Sotterbeck, der sich sofort nach seiner Ankunft in die Bar zurückgezogen hatte.

Herr Sotterbeck fühlte sich ausgesprochen wohl. Sein zweiter Caipirinha ließ ihn allmählich vergessen, dass er den Hund seines Nachbarn Michele di Pericolo dummerweise überfahren hatte, als die Klimaanlage mit einem großen Knall explodiert war. Gegenüber saß eine fantastische Blondine … [Auf den nächsten 39 Seiten lernt Herr Sotterbeck die blonde Frau kennen, die sich als Mafiakillerin entpuppt, und entkommt knapp all ihren fiesen Anschlägen, bis er sich ihrer endlich im Hafenbecken entledigen kann.]

Müde und ausgelaugt kehrte Sotterbeck zurück ins Hotel. Endlich allein öffnete er *ihn$_1$/?[den Koffer]$_1$/[seinen Koffer]$_1$/*[einen Koffer]$_1$.

Der Rückbezug mit dem Personalpronomen funktioniert hier gar nicht; dafür ist die letzte Erwähnung des Koffers schlicht zu lange her und deswegen wäre man als Leser nicht mehr in der Lage, den Bezug herzustellen. Auch die indefinite NP erscheint unpassend. Die definite NP ist akzeptabel, erscheint aber auch nicht vollkommen ideal; das ist hier mit dem **Fragezeichen** „?" markiert. Am besten erscheint die NP *seinen Koffer*, die sich – gewissermaßen mit dem possessiven Bezug auf Herrn Sotterbeck als Brücke – auf etwas Irgendwie-schon-Bekanntes beziehen kann.

Die Tatsache, dass hier weder das Personalpronomen noch eine indefinite NP gut verwendet werden können, und eine definite NP wohl nur mit Einschränkung, entspricht unserer Einschätzung, dass der Status des Koffers an dieser Stelle des Textes irgendwo zwischen ‚bekannt' und ‚unbekannt' liegt. So wird klar, dass es sich bei der Dimension der Bekanntheit nicht um eine glasklare Entweder-Oder-Unterscheidung handelt, sondern eher um ein Kontinuum; man braucht genauere Fallunterscheidungen. Abstufungen dazu werden zum Beispiel in Chafe (1976, 1987), Prince (1992) und Lambrecht (1994) behandelt; die folgende Terminologie wird anhand der Übersicht in Lambrecht (1994: 74-113) erläutert.

Nicht-identifizierbar ist ein Diskursreferent, wenn es für ihn beim Auftreten des entsprechenden Ausdrucks im Wissen des Rezipienten noch keine Repräsentation gibt. Ist dies der Fall, kann man davon ausgehen, dass er im Text oder Diskurs noch nicht vorgekommen ist.

Identifizierbar ist ein Diskursreferent demgegenüber, wenn es im Wissen des Rezipienten bereits eine Repräsentation von ihm gibt. Die Identifizierbarkeit kann dabei auf den Text oder Diskurs oder auf andere Quellen oder Umstände zurückgehen. Beispielsweise kann ein Diskursreferent wegen seiner Einzigkeit identifizierbar sein (die Sonne), wegen seiner wichtigen Rolle im Leben des Produzenten oder des Rezipienten (die Putzfrau) oder wegen der konkreten Situation (der Computer, auf dem ich schreibe).

Ein identifizierbarer Diskursreferent ist **nicht-aktiviert**, wenn er zwar im Langzeitgedächtnis gespeichert, aber nicht mehr bewusst ist; er kann bereits eingeführt sein, wurde dann aber beispielsweise eine Zeit lang nicht mehr erwähnt. (Dies würde auf unser Koffer-Beispiel (11) zutreffen.)

Ein identifizierbarer Diskursreferent ist **zugänglich** (oder halbaktiviert), wenn er bewusst ist; er kann beispielsweise früher im sprachlichen Kontext des Texts oder Diskurses erwähnt worden sein, er kann in der textexternen Situation gegenwärtig sein oder er kann durch Inferenzen oder Schlussfolgerungen zugänglich sein.

Ein identifizierbarer Diskursreferent ist **aktiviert**, wenn er so präsent im Bewusstsein ist, dass man sich im Prinzip mit einem Pro-Wort auf ihn beziehen kann.

Man sieht, dass Identifizierbarkeit und Aktiviertheit im Grunde kognitive Kategorien sind. Sie beziehen sich vor allem auf den Informationsstand des Hörers oder Rezipienten.

Für den Sprachwissenschaftler sind sie deshalb interessant, weil sie einen Einfluss darauf haben, in welcher Form der Sprecher oder Produzent sprachliche Ausdrücke realisiert. Er richtet seine sprachlichen Äußerungen am Informationsstand des Rezipienten aus – das heißt, man müsste eigentlich genauer sagen: Er richtet seine Äußerungen an dem aus, was er für den Informationsstand des Rezipienten hält. Denn schließlich kann er ja nicht in den Kopf des Rezipienten hineinschauen.

Oft wird er mit seinen Annahmen über den Informationsstand des Rezipienten richtig liegen. Aber das wird ihm nicht immer gelingen, zumal der Informationsstand eines Menschen vielschichtig ist und sich aus unterschiedlichen Komponenten zusammensetzt.

Beispielsweise muss der Produzent das Weltwissen des Rezipienten einschätzen; ebenso muss er den nichtsprachlichen Kontext und die Wahrnehmungsfähigkeit des Rezipienten zu überblicken versuchen; besonders wichtig ist dabei selbstverständlich auch der sprachliche Kontext. Wenn der Produzent ihn berücksichtigt, muss er nicht nur den sprachlichen Kontext selbst überblicken, sondern das Gedächtnis und die Aufmerksamkeitsfähigkeit des Rezipienten berücksichtigen.

Aufgabe 4: In dieser Aufgabe sollen Sie sich mit einem Krimi-Ausschnitt befassen (Es handelt sich um eine von mir leicht abgeänderte, verkürzte und mit Fettdruckmarkierungen versehene Version des Anfangs von Patricia Moyes: „... daß Mord nur noch ein Hirngespinst“, DuMont Buchverlag Köln, 1992.). Man kann hier zwei unterschiedliche Ebenen betrachten, erstens den Leser als Rezipienten des Texts, zweitens das Sprecher-Hörer-Verhältnis der Dialogpartner im Text. In dem Text sind einige Ausdrücke durch Fettdruck markiert, die Sie untersuchen sollen.

a.) Handelt es sich bei den markierten Ausdrücken in den Zeilen 1 bis 30 jeweils um ein Pro-Wort, einen Eigennamen, eine definite oder eine indefinite Nominalphrase? Führen sie für Sie als Leser jeweils einen neuen Diskursreferenten ein oder beziehen sie sich auf einen im Text genannten zurück? Können Sie mit einiger Gewissheit sagen, worauf die Ausdrücke sich jeweils beziehen? Wenn nein, warum nicht? Wenn ja, warum? Welches Text- oder Weltwissen benutzen Sie, um die Bezüge verstehen zu können?

b.) Wie unterscheidet sich der Informationsstand der beiden Dialogpartner im Text an den markierten Stellen jeweils von dem Ihren?

c.) Die beiden markierten Fragen in den Zeilen 31 und 32 drücken jeweils Zweifel daran aus, dass die Kommunikation zwischen den beiden Gesprächspartnern funktioniert. Sind die Fragen gerechtfertigt?

*Es war **ein herrlicher Septemberabend**. Im Garten von **Cregwell Manor** summten die Bienen umher. Überall herrschte heitere Gelassenheit, und niemand war heiterer als **der Hausherr** selbst – Sir John Adamson, Polizeichef von Fenshire. **Er** entspannte sich in **einem Schaukelstuhl** auf **der Terrasse**. – So war er denn alles andere als erfreut, als er das aufdringliche Klingeln des Telefons vernahm. Doch ein Polizeichef ist niemals außer Dienst. Pflichtbewusst erhob Sir John sich und trottete durch die Balkontür hinein. – „Cregwell 32. Adamson am Apparat.“ – „Sind Sie das, John? Meine Güte, bin **ich** froh, dass ich **Sie** erreiche. Hier ist Manciple, George Manciple.“ – Diese letzte Information, die **der Anrufer** noch hinzufügte, war überflüssig. Sir John hatte auf Anhieb seinen Nachbarn identifiziert, den Bewohner und Besitzer von Cregwell Grange. – „Hallo, George“, sagte er. „Schön, von Ihnen zu hören.“ – „Verzeihen Sie, wenn ich Sie um diese Zeit noch belästige, John“, ließ Manciple sich vernehmen. „Es geht um **diesen Burschen Mason**. Ich fürchte, diesmal kommen **wir** nicht **darum** herum. Sie werden **Scotland Yard** verständigen müssen.“ – Es kostete Sir John einige Anstrengung, Ruhe zu bewahren. „Also hören Sie, George“, entgegnete er, „ich weiß, dass Mason Ihnen Scherereien* *gemacht hat, und es tut mir aufrichtig leid – aber Scotland Yard, das wäre wohl doch ...“ – George Manciple fuhr fort: „Verstehen Sie,* ***der Bursche*** *war Gast unter meinem Dach. Und deshalb fühle ich mich natürlich verpflichtet. Und* ***Violet*** *ebenfalls. Alles Menschenmögliche muss unternommen werden.“ – „Wie ich schon sagte“, fuhr Adamson mit Bestimmtheit fort, „ich weiß nicht, womit* ***er*** *Sie diesmal wieder verärgert hat, aber es ist Freitagnachmittag, und ich würde vorschlagen, dass Sie sich ein Gläschen eingießen und sich die Sache in aller Ruhe durch den Kopf gehen lassen. Montag wird schließlich immer noch früh genug sein, um ...“ – „Ich verstehe nicht, was Sie da sagen, John.“ Manciple klang verwirrt. „Sie werden mir doch nicht raten wollen, bis Montag nichts zu unternehmen?“ – „Genau das will ich.“ – „Aber John, mein Lieber, was soll ich denn mit* ***der Leiche*** *machen? Ich kann sie nicht bis* ***Montag*** *hier liegenlassen. Das würde Violet gar nicht gefallen.“ – „Die Leiche?* ***Wovon reden Sie denn da?*** *Was für eine Leiche?“ – „Masons Leiche natürlich.* ***Hören Sie mir denn überhaupt nicht zu?*** *“*

2.4 Anaphernresolution: Suche nach Antezedentien

Werden Diskursreferenten durch Pro-Wörter wieder aufgenommen, so muss der Produzent dabei einige Punkte beachten: Zum Beispiel muss man eine passende Art von Pro-Wort verwenden, wie in (12) illustriert ist. Das einfache Personalpronomen ohne Präposition in (12a) beispielsweise kann sich nicht auf die Präpositionalphrase *in ihrem Garten* beziehen.

(12) a. Gela ist oft [in ihrem Garten]$_1$. *Ihm$_1$ wachsen viele Rosen.
b. Gela ist oft [in ihrem Garten]$_1$. Dort$_1$ wachsen viele Rosen.

Und das Pro-Wort darf vom Genus her nicht in Konflikt mit seinem Bezugswort geraten.

(13) a. [Der Teich]$_1$ist flach. *Es$_1$ enthält Goldfische und Frösche.
b. [Der Teich]$_1$ist flach. Er$_1$ enthält Goldfische und Frösche.

Selbstverständlich muss auch der Numerus passen.

(14) a. [Die Frösche]$_1$ quaken. *Er$_1$ ist laut.
b. [Die Frösche]$_1$ quaken. Sie$_1$ sind laut.

Umgekehrt hat der Rezipient die Aufgabe, zu einem Pro-Wort jeweils sein Antezedens, sein Bezugswort, herauszufinden. Diesen Vorgang bezeichnet man als **Anaphernresolution** oder Anaphernauflösung.

Manchmal ist es nicht so einfach, den beabsichtigten Bezug eines Pronomens herauszufinden. Wir schauen dazu einen Textauszug an (aus: Dexter, Colin: Der Tod ist mein Nachbar. Reinbek:

Rowohlt, 1997. Angleichung der Rechtschreibung, Unterstreichungen und Markierungen sind von mir, RM.):

(15) „Ich weiß, wer der Mann ist“, sagte Lewis nun seinerseits langsam und mit Nachdruck. „Der Mann auf dem Foto.“

„Tatsächlich?“ fragte Morse überrascht. „Sie hatten demnach auf dem Bahnhof Glück?“

„Ja und nein. Nicht in dem Sinne, dass $\underline{\text{er}}_{A}$ dagestanden und auf $\underline{\text{seine}}_{B}$ Freundin gewartet hätte, aber ich habe mit dem Zugschaffner gesprochen, einem jungen Mann, der diesen Job erst seit ein paar Wochen macht, und $\underline{\text{der}}_{C}$ hat $\underline{\text{ihn}}_{D}$ erkannt. $\underline{\text{Er}}_{E}$ hatte $\underline{\text{sich}}_{F}$ $\underline{\text{seine}}_{G}$ Railcard geben lassen, und weil $\underline{\text{er}}_{H}$ daraufhin ein bisschen kiebig wurde, hat $\underline{\text{er}}_{I}$ $\underline{\text{sich}}_{J}$ auch $\underline{\text{seinen}}_{K}$ Namen gemerkt.“

„Was für ein Überangebot an Personalpronomen, Lewis! Wissen Sie eigentlich, wie oft Sie *er* und *ihn* und *sein* verwendet haben?“

„Nein, aber ich weiß, dass er mir seinen Namen genannt hat“, sagte Lewis …

Nun, zunächst einmal können wir feststellen, dass Morse die verschiedenen Arten von Pronomen offenbar nicht so ganz genau auseinander halten kann. Darüber hinaus haben wir den Text vor uns liegen und können einfach nachzählen: In dem entscheidenden Absatz in der Mitte kommt viermal das Personalpronomen *er* vor, einmal *ihn*, dreimal eine Form des Possessivpronomens *sein* und darüber hinaus zweimal das Reflexivpronomen *sich* und einmal *der* als Demonstrativpronomen. Als Zuhörer oder Leser muss man jeweils aufdröseln, wer oder was mit den Pronomen gemeint ist. Das wollen wir der Anschauung halber einmal für den entscheidenden Textausschnitt aus (15) machen.

Am einfachsten ist die Sache bei den Reflexivpronomen. Denn sie erhalten ihre Bedeutung in engem Zusammenspiel mit grammatischen Voraussetzungen. Fast immer verlangen sie ein Antezedens innerhalb des Teilsatzes, in dem sie stehen, und dieses Antezedens steht ‚höher‘ in der Konstituentenstruktur des Satzes. Was das genau heißt, können wir hier nicht in allen Einzelheiten erklären; ganze Bücher und zahlreiche Aufsätze wurden schon darüber geschrieben (zum Beispiel Reinhart (1976)). Aber jedenfalls können wir festhalten, dass das Subjekt eines Satzes hierarchisch ganz weit oben steht. Deswegen ist *sich*$_F$ leicht dem *er*$_E$ zuzuordnen. Noch einfacher verhält es sich bei *sich*$_J$. Denn hier liegt das reflexive Verb *merken* vor, bei dem das Reflexivpronomen mit Bezug auf das Subjekt, *er*$_I$, obligatorisch zum lexikalischen Programm des Verbs, zu seiner Valenz, gehört – kein anderer Ausdruck kann das Reflexivpronomen ersetzen.

Schwieriger ist es bei *er*, *ihn* und *sein*. Das ist wohl auch der Grund, weshalb Morse sich im Text oben gerade über diese Pronomenverwendungen mokiert. Im Gegensatz zum Reflexivpronomen (16a) braucht das Personalpronomen kein Antezedens im selben Satz – ja, im Gegenteil ist es gewöhnlich unmöglich, ihm ein Antezedens in enger struktureller Nähe zuzuordnen (16b). Auch das Possessivpronomen braucht kein Antezedens im selben Satz (16c). Und sowohl Personal- als aus Possessivpronomen können darüber hinaus ihre Bedeutung auch aus dem situativen Kontext gewinnen.

(16) a. Luise$_1$ kam zu Besuch. Eva$_2$ wollte sich$_{*1/2}$ fotografieren.
b. Luise$_1$ kam zu Besuch. Eva$_2$ wollte sie$_{1/*2}$ fotografieren.
c. Luise$_1$ kam zu Besuch. Eva$_2$ wollte ihr$_{1/2}$ Kleid fotografieren.

Schauen wir uns nun die einzelnen Fälle aus (15) an: Im Text vor *er$_A$* finden wir zwei mögliche Antezedentien, die im Genus – Maskulinum – mit dem Pronomen übereinstimmen; gemeint sein könnten demnach der Mann auf dem Foto oder der Bahnhof. Lesen wir den Satz zuende, so können wir die Angelegenheit aufgrund unseres Weltwissens zufriedenstellend lösen; Bahnhöfe warten nicht auf Freundinnen, Männer manchmal schon. Damit ist klar, dass *der Mann auf dem Foto* das Antezedens von *er$_A$* ist. Beachten Sie, dass dieser Ausdruck mehrere Sätze vor *er$_A$* steht! *Seine$_B$* können wir übrigens im Prinzip mit den gleichen Argumenten dem Mann auf dem Foto zuordnen.

Kommen wir nun zu *der$_C$* und *ihn$_D$*. Beide Pronomen brauchen ein Antezedens im Maskulinum. Aus Gründen, die mit den syntaktisch-semantischen Eigenschaften der Pronomen zu tun haben, vertragen sie es auf keinen Fall, sich in der Konstellation des Satzes auf dasselbe Individuum zu beziehen. Deswegen wissen wir also schon einmal, dass wir für jeden der beiden Ausdrücke ein anderes Antezedens finden müssen. Von dem Bahnhof war schon lange nicht mehr die Rede; ihn können wir deshalb einigermaßen sicher ausschließen. Damit bleiben zwei Kandidaten für den Bezug, der Mann auf dem Foto und der Zugschaffner.

Nun kommt ein Faktor ins Spiel, mit dem wir bisher noch nicht zu tun hatten: Das Demonstrativpronomen *der* hat eine sehr starke Tendenz, sich auf ein Antezedens zu beziehen, das gerade eben erst als letztes genannt wurde (17a). Das Personalpronomen *er* unterliegt – wie wir oben im Zusammenhang mit *er$_A$* ja auch schon erfahren haben – keiner so starken Beschränkung (17b).

(17) a. Eva$_1$ hat mit Luise$_2$ gespielt. Aber die$_{*1/2}$ wollte lieber lesen.
b. Eva$_1$ hat mit Luise$_2$ gespielt. Aber sie$_{1/2}$ wollte lieber lesen.

Und damit löst sich das Problem: *Der*$_C$ findet mit *dem Zugschaffner* aus dem direkt vorangegangenen Satz sein Antezedens in gewünschter Nähe, während *ihn*$_D$ weiter zurückgreifen kann und sich auf den Mann auf dem Foto bezieht.

Er$_E$ und *seine*$_G$ könnten sich auf dieselbe Person beziehen. Das würden für den Satz sowohl ihre syntaktisch-semantisch-pragmatischen Eigenschaften als auch das Weltwissen zulassen. Jedoch legt der Textzusammenhang etwas anderes nahe. Der vorangegangene Satz erwähnt den Zugschaffner und wir wissen, dass Zugschaffner die Aufgabe haben, Tickets und Bahncards von Fahrgästen zu checken. Darum wird uns nahegelegt, dass mit *er*$_E$ der Zugschaffner gemeint ist und dass *seine*$_G$ sich auf einen Fahrgast bezieht. Da schon seit einigen Sätzen von dem Mann auf dem Foto die Rede ist, nehmen wir automatisch an, dass er gemeint ist.

Im zweiten Teil des Satzes wird es nun haarig. Hier treten kurz nacheinander *er*$_H$, *er*$_I$ und *seinen*$_K$ auf. *Er*$_H$ ist das Subjekt, von dem ausgesagt wird, er sei ‚ein bisschen kiebig' geworden. Unser Weltwissen sagt uns nun, dass es in einer Situation des Railcard-Checkens wahrscheinlicher ist, dass der Aufgeforderte kiebig wird, als dass der Fragende kiebig wird. Daher gehen wir davon aus, dass der Aufgeforderte aus dem ersten Teil des Satzes, also der Mann auf dem Foto, gemeint ist. Daraufhin merkt sich der mit *er*$_I$ bezeichnete den Namen eines mit *seinen*$_K$ erwähnten Individuums. Der Textzusammenhang hat uns nun gerade die Situation vorgegeben, in der der Zugschaffner die Railcard des Mannes auf dem Foto einsieht, auf der er dessen Namen lesen kann. Somit ist klar, dass *er*$_I$ den Zugschaffner meint, während *seinen*$_K$ sich auf den Mann auf dem Foto bezieht.

Rekapitulieren wir: Wir waren in der Lage, die Bedeutungen der Pronomen zu entschlüsseln. Dazu haben wir Bezug genommen auf grammatische Konstruktionen, syntaktisch-semantisch-pragmatische Eigenschaften von Pronomen, Genuseigenschaften von Pronomen und Bezugswörtern, allgemeines Weltwissen, aus dem Text gewonnenes Wissen über die inhaltlichen Zusammenhänge und die Konsistenz der entstehenden Bedeutungszusammenhänge.

All die kognitiven Prozesse, die ich eben geschildert habe, greifen nicht nur ineinander, sondern laufen größtenteils unbewusst und automatisch ab. In den meisten Fällen führt das auch nicht zu Problemen – eigentlich ein kleines Wunder angesichts der Fülle der Faktoren, die dabei eine Rolle spielen. Manchmal jedoch läuft etwas beim Herstellen des pronominalen Bezugs schief, es bleiben Mehrdeutigkeiten bestehen oder wir stellen zu unserem Amüsement fest, dass ein Sprecher oder Autor einen Satz so formuliert hat, dass ausgerechnet eine ganz besonders abstruse Lesart in den Vordergrund gerät. Hier sind ein paar Beispiele.

(18) a. Aus der „Berliner Morgenpost": „Eine 34-Jährige ohne Führerschein hat Mittwoch ohne erkennbaren Grund in der Pichelsdorfer Straße in Spandau einen geparkten Audi gerammt. Er kam verletzt in eine Klinik." (aus dem Hohlspiegel in: *Der Spiegel* 26/2008 vom 23.06.2008, S. 170)
b. Aus der „WAZ": „Volltreffer: 93 000 Euro steckten in der Handtasche einer Rentnerin, die auf einem Friedhof an einem Fahrradlenker baumelte." (aus dem Hohlspiegel in: *Der Spiegel* 22/2008 vom 26.05.2008, S. 178)
c. Aus der Münchner „Abendzeitung": „Wir haben im Juli in einem Koranzentrum gedreht, in dem sechs- bis achtjährige Kinder zu Helden getrimmt werden, die bereit sind, für den Islam zu sterben. Es hat ein Jahr gedauert, bis das geklappt hat." (aus dem Hohlspiegel in: *Der Spiegel* 50/2007 vom 10.12.2007, S. 186)
d. Aus dem Münchner „Extrablatt": „Auch die liebevoll aufgezogenen Rindviecher vom städtischen Gut Karlshof warten schon ungeduldig auf die Wiesn. Es ist eine besondere Ehre für sie, dort für den Hochgenuss der Gäste zu sorgen. Namentlich (z. B. Benno) werden sie aufgeführt, bevor sie auf den Drehspieß kommen." (aus dem Hohlspiegel in: *Der Spiegel* 45/2007 vom 05.11.2007, S. 232)

Diese Beispiele sollen Sie in Aufgabe 5 genauer betrachten. Vorerst wollen wir aber noch einen abschließenden Blick auf Mehrdeutigkeiten bei der Anaphernresolution werfen.

Oben hatten wir dazu ja schon gelernt, dass unterschiedliche Pronomenarten unterschiedliche Präferenzen bei der Suche nach Antezedentien haben können. So hatten wir im Zusammenhang mit (17) gesehen, dass das Demonstrativpronomen im Gegensatz zum Personalpronomen gerne ein Antezedens in seiner nächsten Nähe haben möchte. In den Sätzen in (17) konnte also ein lexikalisches Mittel, die Wahl unterschiedlicher Pronomen, dabei helfen, die Mehrdeutigkeit aufzulösen.

Es gibt nun noch ein weiteres, andersartiges Mittel, das dazu genauso gut geeignet ist, leider allerdings nur in der gesprochenen Sprache zur Verfügung steht – die Rede ist vom Akzent. Vergleichen Sie einmal (19a) und (19b).

(19) a. Eva_1 hat mit Luise_2 gespielt. Aber $\text{sie}_{1/2}$ wollte lieber lesen.
b. Eva_1 hat mit Luise_2 gespielt. Aber $\text{SIE}_{*1/2}$ wollte lieber lesen.

Wie Sie sehen, hat die Akzentuierung von *sie* in (19b) eine ähnliche Wirkung wie das Demonstrativpronomen in (17b); es führt zu einer starken Präferenz für *Luise* als Antezedens.

Aufgabe 5: Untersuchen Sie die Beispiele in (18). Welche Lesart ist jeweils vermutlich intendiert? Wie hingegen versteht man die Sätze automatisch? Erklären Sie, wie dieser Effekt jeweils zustande kommt.
Aufgabe 6: Listen Sie zusammenfassend auf, welche Faktoren bei der Suche nach Antezedentien eine Rolle spielen.

2.5 Bekanntheit und prosodische Markierung

In der Fachliteratur wird oft festgestellt, dass Bekanntheit bzw. Unbekanntheit mit bestimmten prosodischen Markierungen einhergehen. Das wird unten in (20) gezeigt. Dabei machen wir uns den **Fragetest** zunutze, ein Standardwerkzeug zur Untersuchung von Informationsstruktur.

Die Idee dabei ist, dass **W-Fragen** (d.h. Fragen, die mit Interrogativpronomen wie *wer, wen, was* usw. gebildet werden, oder mit Interrogativadverbien wie *wann, wo, wie, warum* usw.) mit dem W-Wort etwas erfragen, das dann in der Antwort als unbekannte Information auftritt. Die W-Fragen selbst wiederum liefern in ihrer Formulierung im Allgemeinen sprachliches Material, das in der darauf folgenden Antwort notwendigerweise als bekannte Information auftritt. Deswegen kann man Kombinationen von W-Fragen und Antworten hervorragend dazu nutzen, um Kontexte herzustellen, in denen auf einen Blick ganz klar ist, was bekannte und was unbekannte Information ist; das sprachliche Material in der W-Frage garantiert uns sozusagen, dass bestimmte Elemente bekannt sind. Das Verfahren ist denkbar einfach und so gut wie narrensicher. Wir werden es in diesem Buch sehr oft benutzen und darum ist es wichtig, dass Sie sich damit vertraut machen.

Nun aber zu unseren Beispielsätzen in (20). In den Antwortsätzen ist hier durch entsprechend beschriftete eckige Klammern markiert, wo Bekanntes (BEK.) und wo Unbekanntes (UNBEK.) vorliegt.

(20) a. Wo bemerkte Solvejg die Spinne? – [$_{\text{BEK.}}$ Solvejg bemerkte die Spinne] [$_{\text{UNBEK.}}$ in einer dunklen Schrankecke].
b. Was bemerkte Solvejg in der dunklen Schrankecke? – [$_{\text{BEK.}}$ Solvejg bemerkte in der dunklen Schrankecke] [$_{\text{UNBEK.}}$ eine Spinne].

An welcher Stelle haben diese Sätze ihren stärksten Akzent, den **Satzakzent**? – Richtig, in (20a) auf der Silbe *Schrank-*, in (20b) auf der Silbe *Spin-*. Wie bereits in Kapitel 1 eingeführt, markieren wir diesen Akzent durch Großschreibung:

(21) a. Wo bemerkte Solvejg die Spinne? – [BEK. Solvejg bemerkte die Spinne] [UNBEK. in einer dunklen SCHRANKecke].
b. Was bemerkte Solvejg in der dunklen Schrankecke? – [BEK. Solvejg bemerkte in der dunklen Schrankecke] [UNBEK. eine SPINne].

Wir können also festhalten, dass Unbekanntes anscheinend gerne akzentuiert wird. Dem gegenüber kann man Bekanntes kaum akzentuieren. Das wird in (22) illustriert. Hier sind im Vergleich zu (21) die Akzente vertauscht worden.

(22) a. *Wo bemerkte Solvejg die Spinne? – [BEK. Solvejg bemerkte die SPINne] [UNBEK. in einer dunklen Schrankecke].
b. *Was bemerkte Solvejg in der dunklen Schrankecke? – [BEK. Solvejg bemerkte in der dunklen SCHRANKecke] [UNBEK. eine Spinne].

Wir sehen, dass die Antwortsätze ganz inakzeptabel werden, wenn wir hier anstatt des Unbekannten das Bekannte akzentuieren.

Übrigens kann man mit W-Fragen natürlich auch etwas erfragen, das schon bekannt ist; damit werden wir uns aber erst in den folgenden Kapiteln beschäftigen.

Aufgabe 7: Wir werden in diesem Buch noch einige Male mit Akzenten zu tun haben, insbesondere mit Satzakzenten. Der Satzakzent wird generell auf einer Silbe platziert, die einen **Wortakzent** trägt, d.h. den Hauptakzent eines Wortes. Da manche Leute Schwierigkeiten haben, Wortakzente zu erkennen, ist es sinnvoll, dies ein wenig zu üben. Versuchen Sie herauszufinden, wo bei den folgenden Wörtern die Silbengrenzen liegen und markieren Sie jeweils die Silbe, die den Wortakzent trägt.
a. Rose, b. lesen, c. Schränke, d. allmählich, e. Betrug, f. Hase, g. Ohren, h. Hasenohren, i. Banane, j. Ananas, k. Avocado, l. hoffen, m. Hoffnung, n. Bruder, o. Brüderlichkeit, p. Freiheit, q. Freiheitsstatue, r. Liebe, s. Liebelei, t. Bäcker, u. Bäckerei, v. Bäckereigeschäft, w. Brötchenbäckerei, x. Strumpf, y. trotzdem, z. umfahren.
Aufgabe 8: Markieren Sie in den Antworten der folgenden Frage-Antwort-Paare jeweils mit eckigen Klammern das Bekannte und das Unbekannte sowie mit Großschreibung den Satzakzent. Lassen Sie sich nicht dadurch irritieren, wenn Sie bei den letzten beiden Beispielen etwas länger nachdenken müssen; sie bereiten schon ein wenig den nächsten Abschnitt des Kapitels vor.
a. Wer hat die Großmutter gefressen? – Ein Wolf hat die Großmutter gefressen. b. Wen hat der Wolf gefressen? – Der Wolf hat eine alte, kranke Dame gefressen. c. Woraus hat Schneewittchen getrunken? – Schneewittchen hat aus einem Becherchen getrunken. d. Wann ist wer aufgewacht? – Eine Prinzessin ist an ihrem hundertsechzehnten Geburtstag aufgewacht. e. Was hat Schneewittchen getan? – Schneewittchen hat aus einem Becherchen getrunken. f. Was ist passiert? – Ein Wolf hat eine alte, kranke Dame gefressen.

Der Begriff „**Information**“, wie er in der Forschung zur Informationsstruktur verwendet wird, stimmt nicht ganz mit dem allgemein üblichen Begriff der Information überein. Normalerweise versteht man unter Information die Repräsentation von – je nach Zusammenhang – einschlägigen Sachverhalten, also z.B. dass die Bibliothek ab acht auf hat, dass Bohnen wegen Vergiftungsgefahr vor dem Essen gekocht werden müssen oder dass Nukualofa die Hauptstadt von Tonga ist. Bisher haben wir uns aber im Grunde gar nicht mit der Bekanntheit und Unbekanntheit von Sachverhalten befasst, sondern mit der von Diskursreferenten.

Die Informationsstrukturtheorie befasst sich mit beidem; sowohl Diskursreferenten als auch Sachverhalte und gewissermaßen auch Teile von Sachverhalten werden berücksichtigt. Der Fragetest, den Sie im letzten Abschnitt kennengelernt und in Aufgabe 8 angewendet haben, lässt sich grundsätzlich für diese verschiedenen Größen einsetzen. So haben Sie in den Beispielsätzen von Aufgabe 8 in (a) bis (c) jeweils einen Ausdruck, der einen Diskursreferenten einführte, als unbekannt gekennzeichnet und in (d) zwei. In (e) und (f) aber ging das Unbekannte über die Ebene einzelner Diskursreferenten hinaus. Das sollte so aussehen wie in (23).

(23) a. Was hat Schneewittchen getan? – [BEK. Schneewittchen hat] [UNBEK. aus einem BEcherchen getrunken].
b. Was ist passiert? – [UNBEK. Ein Wolf hat eine alte, kranke DAme gefressen.]

Der Fragetest kann also sowohl benutzt werden, um Diskursreferenten zu erfragen, als auch, um größere Einheiten zu erfragen. In (23a) wird das Erfragte im Wesentlichen durch die Verbalphrase des Satzes wiedergegeben, die eine Tätigkeit bezeichnet. Und in (23b) wird sogar der gesamte Satz erfragt – also eine Einheit, die einen vollständigen Sachverhalt bezeichnet und für sich genommen wahr oder falsch sein kann; man bezeichnet solche Einheiten in der Semantik auch als **Proposition**.

Schauen wir uns nun auch noch einmal Beispiel (c) aus Aufgabe 8 an. Die Lösung dafür sollte wie (24) aussehen.

(24) Woraus hat Schneewittchen getrunken? – [BEK. Schneewittchen hat aus] [UNBEK. einem BEcherchen] [BEK. getrunken].

Es ist nicht uninteressant, sich zu überlegen, was die Unterteilung in Bekanntes und Unbekanntes eigentlich genau heißt.

Wollen und können wir hier als bekannt bezeichnen, dass „Schneewittchen aus getrunken hat“? – Sicher nicht; was uns die Frage tatsächlich als bekannt vorgibt, ist vielmehr, dass Schneewittchen **aus etwas** getrunken hat. Das trifft es besser.

Und wollen wir ein Becherchen als unbekannt bezeichnen? – Vielleicht; man könnte aber auch sagen, das Unbekannte ist, dass es das Becherchen war, aus dem Schneewittchen getrunken hat. Das kann man ausdrücken wie in (25).

(25) Das x, für das gilt: Schneewittchen hat aus x getrunken, ist ein Becherchen.

Der wichtige Punkt hierbei ist, dass nicht nur das Becherchen unbekannt ist, sondern dass unbekannt ist, dass es das Individuum ist, das zu Schneewittchen in der Relation des ‚Aus-ihm-getrunken-worden-Seins' steht.

Die ganze Angelegenheit ist also komplexer, als sie sich durch die markierten eckigen Klammern darstellt: Wir können die bekannten und unbekannten Informationen nicht unbedingt mit Wörtern, Konstituenten oder anderen Ausdrücken gleichsetzen. Auch ihre Funktion in einer Proposition oder, vereinfacht gesagt, im Satz, ist es wert, betrachtet zu werden.

Aufgabe 9: Versuchen Sie, die Darstellungsweise aus (25) auf die Beispiele aus Aufgabe 8 anzuwenden.

2.7 Bekanntheit, Akzent und die Ausdrucksebene

Die Unterscheidung von Bekanntem und Unbekanntem haben wir bisher auf die Bedeutungsebene bezogen – das Gemeinte, das, worauf sich die sprachlichen Ausdrücke bezogen, war bekannt oder unbekannt. In Abschnitt 2.5 haben wir festgestellt, dass es eine Korrelation zwischen dieser Unterscheidung und der Akzentuierung gibt: Anscheinend erhält ein Ausdruck, der etwas Unbekanntes bezeichnet, bevorzugt einen Akzent, während ein Ausdruck, der etwas Bekanntes bezeichnet, im Allgemeinen keinen Akzent erhält.

Dabei können die Ausdrücke, mit denen man sich auf denselben Diskursreferenten bezieht, durchaus verschieden sein – das ist bei Konstellationen von voller Nominalphrase und Pronomen der Fall. Auch bei synonymen Nominalphrasen (26) und bei Nominalphrasen in einem Oberbegriff-Unterbegriff-Verhältnis (in der Fachsprache Hyperonym-Hyponym-Verhältnis) (27) zeigen sich die entsprechenden Akzentverhältnisse: Wenn man sich ein zweites Mal auf das Bekannte bezieht, ist der dafür verwendete Ausdruck im Allgemeinen **deakzentuiert**, das heißt er trägt keinen Akzent.

(26) [In der Schale lag eine Apfelsine$_1$.]
a. Eva wollte die Orange$_1$ nehmen, doch sie war schimmelig.
b. *Eva wollte die ORANGe$_{*1}$ nehmen, doch sie war schimmelig.

(27) [In der Schale lag eine Blume.]
a. Eva wollte die Tulpe$_1$ nehmen, doch sie war schimmelig.
b. *Eva wollte die TULpe$_{*1}$ nehmen, doch sie war schimmelig.

Dieser Effekt wird nicht nur durch den semantischen Bezug, die Koreferenz, ausgelöst. Eine zumindest vergleichbare Wirkung kann auch durch Rekurrenz ausgelöst werden, also durch die Wiederholung eines Ausdrucks; dabei muss interessanterweise keine Koreferenz vorliegen (siehe dazu Büring (2005)). Das wird in den Sätzen in (28) illustriert.

(28) [Schildkröten sind schwer zu halten.]
a. Max hat seine Schildkröte verloren, als sie unter den Schrank zog.
b. *Max hat seine SCHILDkröte verloren, als sie unter den Schrank zog.

Hier liegt deshalb keine Koreferenz vor, weil das erste Vorkommen von *Schildkröten* sich nicht auf einzelne Schildkröten bezieht, sondern generisch auf die ganze Tierart Schildkröten.

2.8 Bekannt vor unbekannt im Mittelfeld

Die Unterscheidung zwischen Bekanntem und Unbekanntem schlägt sich auch in der Wortstellung nieder. Im Mittelfeld des deutschen Satzes gilt allgemein die starke Tendenz bekannt > unbekannt (sprich „Bekannt vor unbekannt“). (Sollte Ihnen der Begriff „Mittelfeld“ fremd sein, empfiehlt es sich, eine Einführung in das topologische Modell oder Stellungsfeldermodell des deutschen Satzes zu lesen. Musan (2008: Kapitel 2) enthält eine sehr kurze Einführung, die für die Zwecke dieses Buches ausreicht. Ausführlichere Einführungen bieten zum Beispiel die Duden-Grammatik-Ausgaben seit 2005 und Wöllstein (in Vorbereitung).) Um Nominalphrasen entsprechend dieser Tendenz anordnen zu können, werden sie im Mittelfeld manchmal gegenüber ihrer zugrunde liegenden Abfolge umgestellt. Eine solche Umstellung wird in der Fachliteratur oft als ‚Scrambling‘ bezeichnet; diese Bezeichnung erinnert an den englischen Ausdruck *scrambled eggs* (‚Rühreier‘).

Da im Mittelfeld des deutschen Satzes auch noch andere Stellungsfaktoren eine Rolle spielen – beispielsweise belebt > unbelebt oder grammatische Stellungspräferenzen wie beispielsweise Nominativ > Dativ > Akkusativ – wird die Tendenz bekannt > unbekannt nicht immer sichtbar. Sie ist jedoch vergleichsweise stark ausgeprägt. Um sie übersichtlicher zu machen, teilen wir sie in ‚mehrere Untertendenzen' auf:

(29) Bekannt > unbekannt
  a. Pronomen > Nicht-Pronomen
  b. Definite NP > indefinite NP
  c. Nicht-Akzentuiertes > Akzentuiertes

Dass dies alles im Grunde Varianten des Prinzips bekannt > unbekannt sind, leuchtet Ihnen sicher ein: Pronomen sind im Gegensatz zu Nicht-Pronomen dazu prädestiniert, sich auf Bekanntes zu beziehen; während indefinite Nominalphrasen neue Diskursreferenten einführen, beziehen definite sich meist auf bereits bekannte Diskursreferenten; und dass Bekanntes nicht gut akzentuiert werden kann, während Unbekanntes nach einem Akzent verlangt, haben Sie gerade in Abschnitt 2.7 gelernt. Dass diese Tendenzen tatsächlich wichtig sind und die Abfolge im Mittelfeld wesentlich mitbestimmen, wird mit den folgenden Beispielen belegt. Solche Sätze habe ich oft in Seminargruppen erprobt; ich hoffe, Sie teilen die Intuitionen im Großen und Ganzen.

In (30) werden verschiedene Varianten mit pronominalisierten Nominalphrasen und nicht-pronominalisierten Nominalphrasen durchgespielt. (30a) und (30b) zeigen zunächst, dass bei dem hier verwendeten Verb *vorstellen* sowohl die Abfolge Dativobjekt > Akkusativobjekt als auch die Abfolge Akkusativobjekt > Dativobjekt zu ungefähr gleich guten Ergebnissen führen. In (30c) und (30d) ist das Dativobjekt pronominalisiert, in (30e) und (30f) das Akkusativobjekt; dabei zeigt sich, dass in beiden Fällen jeweils die Variante als ‚besser' beurteilt wird, in der das Pronomen vor dem Nicht-Pronomen steht. Der Kasus scheint demgegenüber hier keine oder allenfalls eine sehr geringe Rolle zu spielen; das liegt übrigens daran, dass beide Objekte etwas Belebtes bezeichnen.

(30) a. Der Dozent hat den Studenten die Assistentin vorgestellt.
  b. Der Dozent hat die Assistentin den Studenten vorgestellt.
  c. Der Dozent hat ihnen die Assistentin vorgestellt.
  d. ??Der Dozent hat die Assistentin ihnen vorgestellt.
  e. ??Der Dozent hat den Studenten sie vorgestellt.
  f. Der Dozent hat sie den Studenten vorgestellt.

In (31) werden ähnliche Varianten wie in (30) durchgespielt. Nur wird hier jeweils eines der Objekte durch eine indefinite Nominalphrase anstatt der definiten realisiert. Es zeigt sich, dass hier jeweils die Variante bevorzugt wird, in der die definite Nominalphrase vor der indefiniten steht.

(31) a. ??Der Dozent hat Studenten die Assistentin vorgestellt.
b. Der Dozent hat die Assistentin Studenten vorgestellt.
c. Der Dozent hat den Studenten eine Assistentin vorgestellt.
d. ??Der Dozent hat eine Assistentin den Studenten vorgestellt.

Die Sätze in (32) verfahren mit Akzentuierung wie die oberen Beispielgruppen; dabei ist zu beachten, dass die Beispielsätze hier jeweils Nominalphrasen mit demselben Definitheitsgrad verwenden. Insofern ist es problematisch, den Nominalphrasen unterschiedliche Bekanntheitsgrade zu unterstellen. Dennoch möchte ich Ihnen hier schon die Auswirkungen des Akzents vorführen, weil Akzente, wie in Abschnitt 2.7 gezeigt wurde, auf Unbekanntheit hindeuten; wir kommen später, in Abschnitt 4.6, noch einmal darauf zurück.

(32) a. ?Der Dozent hat den StuDENten die Assistentin vorgestellt.
b. Der Dozent hat die Assistentin den StuDENten vorgestellt.
c. Der Dozent hat den Studenten die AssisTENtin vorgestellt.
d. ??Der Dozent hat die AssisTENtin den Studenten vorgestellt.

Halten wir also fest: Bekanntheit schlägt sich in der Wortstellung im Mittelfeld nieder; generell gibt es eine starke Tendenz dazu, Bekanntes links und Unbekanntes rechts anzusiedeln.

Aufgabe 10: Betrachten Sie die folgenden Sätze. Vermutlich finden Sie alle davon suboptimal. Bei welchen der Sätze lässt sich das darauf zurückführen, dass gegen die Tendenz Bekannt > Unbekannt verstoßen wurde?
a.) *Maik hat sehr gründlich das Buch kommentiert.*
b.) *Manu hat einen Regenschirm am Montag verloren.*
c.) *Sie hat am Dienstag ihn wieder gefunden.*
d.) *Moritz ist zu einem Aussichtsturm mit einem Rucksack gewandert.*
e.) *Max hat ein Taschentuch seiner Freundin geliehen.*
f.) *Monika hat den Rucksack letzte Woche sich gekauft.*

Zusammenfassung: Für die Dimension von Bekanntheit und Unbekanntheit ist vor allem wichtig, wie in Texten mit Diskursreferenten umgegangen wird, aber auch wie die (Un)Bekanntheit von Sachverhalten signalisiert wird. Bekanntheit und Unbekanntheit sind nicht zwei strikte Gegensätze, sondern es gibt zwischen diesen beiden Polen Abstufungen, bei denen auch Weltwissen und ähnliche Faktoren eine Rolle spielen. Diskursreferenten können in unterschiedlicher Weise in ein Diskursuniversum eingeführt werden. Ist dies geschehen, sind beim Rückbezug auf die Diskursreferenten im späteren Text morphologische, syntaktische, semantische und pragmatische Prinzipien zu beachten, die umgekehrt bei der Anaphernresolution genutzt werden können. Bekanntheit geht auf prosodischer Ebene meist mit Deakzentuierung einher. Im Mittelfeld steht ‚Bekanntes' präferiert vor ‚Unbekanntem'.

Grundbegriffe: Individuen, Diskursreferenten, Diskursuniversum, Einführung von Individuen, Präsupposition, Akkommodation, Weltwissen, definit, indefinit, Pro-Wort, Referenz, Koreferenz, Antezedens, Index, anaphorisch, kataphorisch, deiktisch, Identifizierbarkeit, Aktiviertheit, zugänglich, Anaphernresolution, Mehrdeutigkeit, Proposition, Satzakzent, Wortakzent, Fragetest, W-Frage, Deakzentuierung, Wortstellung im Mittelfeld.

Weiterführende Literatur: Chafe (1976, 1987), Lambrecht (1994), Prince (1992); Pause (1991) ist interessant für die Probleme der Anaphernresolution; Schwarzschild (1999) befasst sich mit dem Zusammenhang von Bekanntheit und (De-)Akzentuierung, ist allerdings theoretisch anspruchsvoll und deswegen für Anfänger nicht leicht zu lesen. Abfolgeregularitäten von Nominalphrasen im Mittelfeld des deutschen Satzes werden ausführlich in Lenerz (1977) behandelt.

3. Die Dimension von Topik und Kommentar

3.1 Grundidee und Identifikationsschwierigkeiten

Eine andere Dimension, mit der man sich in der Informationsstrukturtheorie immer wieder befasst, ist auf die Absichten des Sprechers oder Schreibers gerichtet: Sie unterscheidet das, worüber man etwas sagt, vom dem, was darüber gesagt wird. Es werden also auch bei dieser Dimension zwei Pole unterschieden; insofern gleicht die Unterscheidung der von Bekannt und Unbekannt.

Tatsächlich ist sie jedoch etwas schwerer handhabbar: Erstens ist es schwierig, im konkreten Fall zu sagen, worüber etwas gesagt wird. Worüber wird zum Beispiel mit (1a) (aus dem in Kapitel 2, Aufgabe 4, untersuchten Text) etwas gesagt? Über Cregwell Manor, über den Garten oder über die Bienen – oder über alle drei? Oder über etwas anderes? Und wird mit (1b) etwas über den Wolf oder über die Großmutter gesagt?

(1) a. Im Garten von Cregwell Manor summten die Bienen umher.
    b. Der Wolf hat die Großmutter gefressen.

Gewiss ist es so, dass man, um dies zu spezifizieren, zunächst klarere Vorstellungen dazu bräuchte, was „das, worüber man etwas sagt" heißen soll.

Diese Schwierigkeit wird noch etwas dadurch erhöht, das „das, worüber man etwas sagt" auf verschiedenen Textebenen durchaus etwas Unterschiedliches sein kann. Zum Beispiel ist gut vorstellbar, dass ein Text als Ganzes etwas über den Räuber Hotzenplotz sagt, dass sich darin aber einzelne Textabschnitte befinden, die etwas über Kasperls Großmutter sagen, und dass sich darin wiederum einzelne Sätze befinden, die etwas über die Kaffeemühle der Großmutter sagen. So werden Sie, wenn Sie zurückblättern zu dem Textausschnitt aus Aufgabe 4 des zweiten Kapitels, in dem (1a) in eine größere Textpassage integriert auftritt, feststellen, dass dieser Satz in einem Abschnitt steht, der wohl am ehesten etwas über den dort geschilderten herrlichen Septemberabend sagt.

Wir befassen uns in diesem Kapitel wegen dieser zusätzlichen Komplikation deswegen ausdrücklich mit dem, worüber einzelne Sätze etwas sagen. Diese Einheiten bezeichnen wir als **Topik**; manchmal findet man dafür auch die präzisere Bezeichnung **Satztopik**. Der Rest des jeweiligen Satzes wird als **Kommentar** bezeichnet. Wenn man sich auf das beziehen will, worüber in größeren Texteinheiten als Sätzen etwas gesagt wird, verwendet man den Begriff **Diskurstopik**.

Die Idee, die der Unterscheidung von Topik und Kommentar zugrunde liegt, ist uralt. Tatsächlich finden wir den Grundgedanken schon in Aristoteles' Charakterisierung von Subjekt und Prädikat: Das Prädikat sagt etwas über das Subjekt aus. Von der Grundidee her entspricht bei Aristoteles also das Subjekt einem Topik und das Prädikat einem Kommentar.

Nach der Auffassung der Informationsstrukturtheorie müssen allerdings Topik und Kommentar gerade nicht bestimmten grammatischen Einheiten entsprechen. Darum hat Georg von der Gabelentz (1869, 1891) die Begriffe des **psychologischen Subjekts** und des **psychologischen Prädikats** eingeführt. Er wollte unter dem psychologischen Subjekt das verstanden wissen, worüber der Sprecher den Hörer denken lassen will, und unter dem psychologischen Prädikat das, was er den Hörer über das psychologische Subjekt denken lassen will; und er betonte, dass beides nicht den grammatischen Einheiten Subjekt und Prädikat entsprechen muss. Herrmann Paul (1880, 1919) hat dies übernommen. Die heutigen Begriffe Topik und Kommentar wurden erst viel später durch Hockett (1958) in die amerikanische Sprachwissenschaft eingeführt, haben sich dann aber weitgehend durchgesetzt (siehe hierzu aber auch Kapitel 5).

Reinhart (1982: 24) folgt diesen Vorstellungen, indem sie Topiks als Signale dafür sieht, unter welchen Eintragungen neue Aussagen klassifiziert werden sollten. Demnach werden Aussagen nicht einfach unstrukturiert verarbeitet, sondern sie werden mit topikalen Einheiten verknüpft. Das kann man sich vielleicht so ähnlich vorstellen, als habe man sich in einem Vortrag über die Zusammenhänge von Satzstruktur und Intonation Notizen gemacht und wolle hinterher entscheiden, ob man die Notizen im Syntax-Hefter oder im Phonologie-Hefter ablegt. In der natürlichen Sprache allerdings bekommt man zum Glück oft Hinweise, unter welchem Stichwort man Aussagen abspeichern sollte. Vergleichen Sie einmal (2a) und (2b).

(2) a. Ulrikes neuer Sommerhut ähnelt dem Blumentopf auf dem Tisch.
b. Dem Blumentopf auf dem Tisch ähnelt Ulrikes neuer Sommerhut.

Hier gibt uns die Wortstellung einen Hinweis. Spontan fassen wir (2a) als Aussage über Ulrikes neuen Sommerhut auf, während wir (2b) gut als Aussage über den Blumentopf auffassen können. Daher werden wir nach Reinharts Auffassung bei der Äußerung von (2a) so etwas wie eine gedankliche Karteikarte mit der Überschrift „Ulrikes neuer Sommerhut“ anlegen und darauf – natürlich auch nur gedanklich – eintragen: „Ähnelt dem Blumentopf auf dem Tisch.“ Vernehmen wir hingegen (2b), so legen wir eine gedankliche Karteikarte mit der Überschrift „Der Blumentopf auf dem Tisch“ an und tragen ein: „Ulrikes neuer Sommerhut ähnelt ihm“.

Die Karteikarten-Idee impliziert über Topiks, dass sie für den Hörer grundsätzlich so weit identifizierbare Entitäten bezeichnen müssen, dass er in der Lage dazu ist, eine Karteikarte auszufüllen. Daher sind Topiks oft bekannte Entitäten. Das muss aber nicht immer so sein; wir können auch für eine gerade neu eingeführte Entität Eintragungen vornehmen oder nach einer Akkommodation (siehe Kapitel 2) gleich fröhlich Notizen auf unserer gedanklichen Karteikarte machen. Die Beschaffenheit der Topik-Entitäten ist ebenfalls recht flexibel. Es kann sich dabei um alle möglichen Arten von Diskursreferenten handeln – Personen, Dinge, Abstrakta, Orte, Zeiten, Situationen oder Welten.

Aufgabe 1: Versuchen Sie, in den von mir etwas gekürzten und an die neue Rechtschreibung angeglichenen Anfangssätzen des Vorworts von *Gorillas im Nebel* (Dianne Fossey: „Gorillas im Nebel. Mein Leben mit den sanften Riesen." München: Kindler Verlag, 1989. Engl. Original 1983.) jeweils Topik und Kommentar zu bestimmen. Wie sind die Topiks jeweils syntaktisch realisiert und in welchen Satzpositionen stehen sie?

(1) Das Buch „Gorillas im Nebel" erzählt einige Ereignisse aus den dreizehn Jahren, die ich mit den Berggorillas in ihrem natürlichen Lebensraum verbrachte, und enthält Forschungsergebnisse aus fünfzehn Jahren ununterbrochener Freilandbeobachtungen. (2) Berggorillas gibt es nur auf sechs erloschenen Vulkanbergen in der Virungakette, nicht auf den beiden aktiven Vulkanen. (3) Die von den Gorillas bewohnte Zone ist ungefähr 40 Kilometer lang und schwankt in der Breite zwischen etwas 10 und 20 Kilometern. (4) Zwei Drittel des Schutzgebietes liegen in Zaire (ehemals Demokratische Republik Kongo) im Virunga-Nationalpark und etwa 12 000 Hektar in Ruanda im Parc National des Volcans. (5) Der verbleibende kleine nordöstliche Teil des Vorkommens von Berggorillas liegt in Uganda und ist unter dem Namen Kigezi-Gorillaschutzgebiet bekannt.

(6) Meine Forschungsarbeiten über diesen majestätischen und würdevollen Menschenaffen [...] haben Einsichten in die durchweg harmonische Art und Weise erbracht, in der Gorillas ihre Familiengruppen bilden und erhalten, [...]

(7) 1758 hat Carl von Linné, der ernstzunehmende Systematiker, die nahe Verwandtschaft von Menschen, Affen und Menschenaffen offiziell anerkannt. (8) Er fasste alle drei zur Ordnung der Primaten (Herrentiere) zusammen und hob damit ihre hohe Stellung im Tierreich hervor.

3.2 Noch einmal Fragetests

In gewissen Grenzen kann man Topik und Kommentar ebenso wie Bekannt und Unbekannt mittels des Fragetests identifizieren, den wir bereits in Kapitel 2 besprochen haben. Zu einem Frage-Antwort-Paar wie (3) beispielsweise lässt sich sagen, dass es eine Frage über Schneewittchen ist und dass somit *Schneewittchen* in der Antwort das Topik ist. Was über Schneewittchen gesagt wird, ist, dass sie das Badezimmer geputzt hat.

(3) Was hat Schneewittchen getan? –
[$_{\text{TOPIK}}$ Schneewittchen] [$_{\text{KOMMENTAR}}$ hat das Badezimmer geputzt.]

Die Idee des Tests ist also, dass eine W-Frage eine Frage über etwas stellt, das dann als Topik der Antwort auftritt, und dazu Information einfordert, die in der Antwort als Kommentar zum Topik auftritt.

Über die in (3) illustrierte Variante hinaus gibt es noch weitere Methoden, Sätze in bestimmte Kontexte zu setzen, um die Identifikation von Topik und Kommentar zu steuern. Sätze mit *Ich erzähl dir was über ...* einzuleiten, ist eine solche Methode, die die Idee des Topiks intuitiv besonders gut erfasst.

(4) Ich erzähl dir was über Schneewittchen:
[TOPIK Schneewittchen] [KOMMENTAR hat das Badezimmer geputzt.]

Ähnlich funktionieren auch andere mögliche Einleitungen, zum Beispiel diejenigen in (5) und (6).

(5) Es gibt etwas Neues über Schneewittchen:
[TOPIK Schneewittchen] [KOMMENTAR hat das Badezimmer geputzt.]

(6) Hast du das über Schneewittchen schon gehört?
[TOPIK Schneewittchen] [KOMMENTAR hat das Badezimmer geputzt.]

Die Fragetests legen den Gedanken nahe, Topik und Bekanntes bzw. Kommentar und Unbekanntes seien dasselbe. Auch wenn dies tatsächlich häufig der Fall ist, handelt es sich dennoch um einen Fehlschluss. Die Dimensionen von Bekanntheit einerseits und Topik und Kommentar andererseits müssen in Sätzen keineswegs immer übereinstimmen. Das wird im nächsten Abschnitt gezeigt.

3.3 Bekanntes und Unbekanntes in Topik und Kommentar

Eine bekannte Einheit kann sowohl zum Topik als auch zum Kommentar gehören; ebenso kann es sowohl im Topik-Ausdruck als auch im Kommentar unbekannte Einheiten geben. Hier sind ein paar mögliche Kombinationen illustriert.

(7) a. *Bekanntes Topik und unbekannter Kommentar:*
Was hat Wolfgang gelesen? –
[BEK./TOPIK Wolfgang hat] [UNBEK./KOMMENTAR einen englischen Familienroman] [BEK. gelesen.]

b. *Unbekanntes im Topik-Bereich:*
Was haben die Kunden gelesen? –
[TOPIK [UNBEK. Eine Frau] hat] [UNBEK./KOMMENTAR eine Computerzeitschrift] [BEK./TOPIK gelesen.]

c. *Bekanntes im Kommentar-Bereich:*
Auf dem Tisch liegen so viele Bücher – die Bibel, „Harry Potter und der Halbblutprinz“, „Die Forsyte-Saga“. Was hat Eva gelesen? –
[BEK./TOPIK Eva hat] [BEK./KOMMENTAR „Harry Potter und der Halbblutprinz“] [BEK./TOPIK gelesen.]

Obwohl es sicher oft zutrifft, ist es also keineswegs immer so, dass Topiks stets bekannt sind. Allerdings schafft gerade der Fragetest aufgrund seiner Beschaffenheit meist einen Kontext, in dem Bekanntes und Topik bzw. Unbekanntes und Kommentar zufällig übereinstimmen.

Die Sätze in (7) zeigen übrigens noch etwas anderes: Die Einheiten Bekannt/Unbekannt und Topik/Kommentar der Informationsstruktur stimmen nicht notwendigerweise mit syntaktischen Einheiten wie Satzgliedern oder Konstituenten überein. So bilden in (7a) und (7c) Subjekt und Prädikat zusammen die bekannte Einheit; in (7b) bilden Subjekt und Objekt zusammen die unbekannte Einheit.

3.4 Sätze mit mehreren Topiks

In den bisher behandelten Sätzen hatten wir es jeweils mit einer einzelnen Topik-Einheit zu tun. Man kann aber dafür argumentieren, dass man in einem einzigen Satz auch mehrere Topiks haben kann. (8) zeigt ein Beispiel dafür.

(8) Ich erzähl dir was über Max und Moritz:
[TOPIK1 Max] [KOMMENTAR hat] [TOPIK2 Moritz] [KOMMENTAR beim Schachspielen geschlagen.]

Wenn wir hier zwei Topiks veranschlagen, gibt uns das die Möglichkeiten, auf zwei ‚Karteikarten' Eintragungen vorzunehmen. So wird auf der Karte „Max" eingetragen: „Hat Moritz beim Schachspielen geschlagen." Auf der Karte „Moritz" hingegen wird notiert: „Max hat ihn beim Schachspielen geschlagen."

Denkbar ist natürlich auch, dass in solchen Fällen so etwas wie eine Kombi-Karte „Max und Moritz" ausgestellt wird. Der Eintrag könnte dann lauten: „Ersterer hat Letzteren beim Schachspielen geschlagen."

Es ist zumindest nicht offensichtlich, ob diese beiden Varianten empirisch unterschiedlich sind, d.h. ob man aufgrund von sprachlichen Daten oder Sprecher-Hörer-Verhaltensweisen feststellen kann, welche die Sache besser trifft. Möglicherweise gibt es hier lediglich einen theoretischen Unterschied.

3.5 Thetische Sätze: Sätze ohne Topik

Gegenüber Sätzen mit mehreren Topiks lassen sich auch Sätze beobachten, die gar kein Topik enthalten. Solche Sätze werden nach Marty (1884) als **thetisch** oder neuerdings als Anti-Topik-Sätze bezeichnet.

(9) a. Es kamen viele Gäste.
b. Kommt ein Mann zum Arzt …
c. Es schneit.

d. Mir ist kalt.
e. Ein König hatte einmal Kopfweh.

Die bekannteste Struktur dieser Art ist sicher der Aussagesatz mit Platzhalter-*es* im Vorfeld (9a). Er zeichnet sich dadurch aus, dass das gesamte inhaltliche Satzmaterial im Mittelfeld steht. Dadurch ist das Vorfeld vollkommen leer – eine Konstellation, die im Aussagesatz normalerweise grammatisch nicht akzeptabel ist. Durch einen einfachen Trick kann der Satz jedoch gerettet werden: Man stellt ein semantisch leeres *es* in das Vorfeld. (9b) illustriert demgegenüber übrigens, dass es in ganz bestimmten Situationen doch akzeptabel ist, Aussagesätze mit leerem Vorfeld zu bilden. Sie haben das Charakteristische an Sätzen wie (9b) sicher schon erkannt: Sie werden oft gebildet, um den Anfang eines Witzes zu gestalten.

Bei der Vorstellung, die Sätze in (9) enthielten kein Topik, stellt sich natürlich sofort die Frage: Will man sagen, dass solche Sätze über nichts sprechen?

Das möchte man sicher nicht. Intuitiv ist es vielmehr so, dass die Sätze schon Aussagen über etwas machen, dass dieses Etwas aber in den Sätzen nicht explizit genannt ist, weshalb es auch nicht sonderlich gut fassbar ist. Man könnte sagen, (9a) macht eine Aussage über eine bestimmte Situation in der Vergangenheit, (9b) macht eine Aussage über eine fiktive Situation, (9c) sagt etwas über die Wettersituation zur Äußerungszeit des Satzes, (9d) thematisiert meine Empfindungen, und der typische Märchenanfang in (9e) hat als Topik eine zeitlich und räumlich unbestimmte Situation. Dass Situationen als Topiks auftreten, ist also nicht ungewöhnlich. Klein (2008) geht sogar davon aus, dass die Situation, über die gesprochen wird, immer als das eigentliche Topik einer Aussage gelten kann.

Die Beobachtungen in diesem Abschnitt bringen uns zu einer zentralen Frage, der wir uns im Folgenden widmen wollen: Wenn Topiks manchmal nicht einmal im Satz genannt werden müssen, wie werden sie dann überhaupt sprachlich gekennzeichnet? Wir werden in den nächsten Abschnitten sehen, dass Topiks im Deutschen in unterschiedlicher Weise kodiert werden können. Dazu stehen uns vor allem einige syntaktische Mittel zur Verfügung.

Aufgabe 2: Diese Aufgabe soll Sie auf die Frage einstimmen, wie Topiks sprachlich kodiert werden. Dazu habe ich den Text aus Aufgabe 1 etwas verändert. Worin genau bestehen die Veränderungen? Welche Auswirkungen haben sie? Ich vermute stark, dass Sie den Originaltext ‚besser finden' – woran liegt das?

(1) Einige Ereignisse aus den dreizehn Jahren, die ich mit den Berggorillas in ihrem natürlichen Lebensraum verbrachte, werden in dem Buch „Gorillas im Nebel" erzählt, in dem Forschungsergebnisse aus fünfzehn Jahren ununterbrochener Freilandbeobachtungen geschildert werden. (2) Nur auf sechs erloschenen Vulkanbergen in der Virungakette, nicht auf den beiden aktiven Vulkanen gibt es Berggorillas. (3) Ungefähr 40 Kilometer lang und in der Breite zwischen etwas 10 und 20 Kilometern schwankend ist die von den Gorillas bewohnte Zone. (4) In Zaire (ehemals Demokratische Republik Kongo) im Virunga-Nationalpark liegen zwei Drittel des Schutzgebietes und in Ruanda im Parc National des Volcans etwa 12 000 Hektar. (5) Unter dem Namen Kigezi-Gorillaschutzgebiet bekannt ist der verbleibende kleine nordöstliche Teil des Vorkommens von Berggorillas in Uganda.

(6) Einsichten in die durchweg harmonische Art und Weise erbracht, in der Gorillas ihre Familiengruppen bilden und erhalten, wurden durch meine Forschungsarbeiten über diesen majestätischen und würdevollen Menschenaffen erbracht.

(7) Offiziell anerkannt hat 1758 Carl von Linné, der ernstzunehmende Systematiker, die nahe Verwandtschaft von Menschen, Affen und Menschenaffen. (8) Alle drei fasste er zur Ordnung der Primaten (Herrentiere) zusammen und hob damit ihre hohe Stellung im Tierreich hervor.

3.6 Topiks und die grammatische Funktion „Subjekt"

Sehr oft ist das Subjekt eines Satzes das Topik; das ist Ihnen sicher schon in dem Text aus Aufgabe 1 aufgefallen. Nachdem Sie Aufgabe 2 bearbeitet haben, werden Sie möglicherweise bereits ahnen, warum Topiks oft in Gestalt von Subjekten auftreten.

Erstens haben Subjekte gewöhnlich eine semantische Rolle, die sie zu einem besonders aktiven, zentralen ‚Mitspieler' in der geschilderten Situation macht. Das prädestiniert sie dazu, Topik zu werden – das, worüber man etwas sagt.

Zweitens erscheinen Subjekte im Deutschen zwar nicht notwendigerweise, aber doch bevorzugt am Anfang ihres Satzes. Topiks wiederum, als das, worüber ein Satz eine Aussage macht, haben ebenfalls eine starke Tendenz dazu, am Anfang eines Satzes aufzutreten. Das gilt übrigens nicht nur für das Deutsche, sondern gehört allgemein zu den stabileren Sprachuniversalien (Li und Thompson (1976)). Im Prinzip sind im Deutschen also Subjekt und Topik eines Satzes Rivalen: Beide wollen gerne möglichst am Satzanfang stehen. Wenn nun in einem Satz Subjekt und Topik identisch sind, gibt es keinen Kampf um die erste Stelle und das Leben ist zumindest in diesem Punkt gleich ein wenig einfacher.

Interessanterweise kann man im Deutschen unter bestimmten Voraussetzungen einen ziemlich genialen Trick anwenden, wenn man ein Nicht-Subjekt zum Topik machen will: Manche Nicht-

Subjekte können ganz einfach in Subjekte umgewandelt werden, indem man den Satz passiviert. Das wird in (10) illustriert.

(10) a. *Aktiv: Der Rabe* versprach dem Fuchs den Käse.
b. *Vorgangspassiv: Der Käse* wurde dem Fuchs (von dem Raben) versprochen.
c. *Rezipientenpassiv: Der Fuchs* bekam den Käse (von dem Raben) versprochen.

Das Verb *versprechen* hat drei Argumente mit den semantischen Rollen Agens (derjenige, der etwas tut, in unseren Beispielsätzen also der Rabe), Benefizient (derjenige, der von der Handlung profitiert, also der Fuchs) und Patiens (das, was der Handlung unterliegt, also der Käse). Im Aktivsatz (10a) ist das Agens Subjekt und folglich besonders gut dazu geeignet, als Topik aufzutreten. Im Vorgangspassiv (10b) wird das Patiens zum Subjekt und damit zu einem Top-Topikkandidaten. Im Rezipientenpassiv (10c) schließlich gelingt es dem Benefizienten, die Funktion des Subjekts und damit die idealen Voraussetzungen zum Topik-Sein zu erlangen.

3.7 Topiks in besonderen syntaktischen Konstruktionen

Eine ganz andere Methode, mit der man Ausdrücke als Topiks auszeichnen kann, stellen im Deutschen – wie auch in vielen anderen Sprachen – ein paar spezielle syntaktische Konstruktionen bereit. Diese Konstruktionen können dazu verwendet werden, das Topik eines Satzes besonders hervorzuheben.

In (11) und (12) sind Konstruktionen illustriert, die auf der linken Seite des Satzes jeweils einen Topik-Bestandteil aufweisen, der syntaktisch nicht in den Rest des Satzes integriert ist. (11a) und (11b) sind so genannte **Linksversetzungen**. Im Hauptteil des Satzes ist bei diesen Konstruktionen ein Pronomen, hier jeweils ein Demonstrativpronomen, enthalten, das sich auf den Topik-Ausdruck am linken Rand des Satzes bezieht. (11b) zeigt deutlich, dass der Topik-Ausdruck *meinen Onkel* mit dem Demonstrativpronomen *den* kongruiert.

(11) a. [TOPIK Miriam,] [KOMMENTAR die kommt heute wohl zu spät.]
b. [TOPIK Meinen Onkel,] [KOMMENTAR den habe ich lange nicht gesehen.]

Die Konstruktionen in (12) werden als **lose Topik-Linksversetzungen** bezeichnet. Sie ähneln den Konstruktionen in (11), insofern als der Topik-Ausdruck auch hier am linken Rand des Satzes auftritt und syntaktisch nicht in den Satz integriert ist. Aber Topik-Ausdruck und Pronomen kongruieren hier nicht.

(12) a. [TOPIK Miriam,] [KOMMENTAR sie kommt heute wohl zu spät.]
b. [TOPIK Mein Onkel,] [KOMMENTAR ich habe ihn lange nicht gesehen.]

Auch in (13), (14) und (15) werden Topik-Ausdrücke besonders hervorgehoben. Der Hauptunterschied zu den Konstruktionen in (11) und (12) ist, dass die Topik-Ausdrücke hier syntaktisch in den Rest des Satzes integriert sind. Dazu werden bestimmte Konstruktionen verwendet. (13) illustriert ein **freies Topik**. Es bindet den Topik-Ausdruck mit der **Thematisierungsformel** (Zifonun (1997: 524)) *was x betrifft* im Vor-Vorfeld des Hauptsatzes an; der Hauptsatz wiederum drückt den Kommentar zu diesem Topik aus.

(13) Was [TOPIK Miriam] betrifft, [KOMMENTAR so weiß ich nicht, warum sie heute zu spät kommt.]

(14) zeigt einen **Spaltsatz**, nach der englischen Konstruktion und Bezeichnung oft auch **Cleft-Satz** genannt. Er besteht aus einem *Es*-Kopula-Satz, an den ein Relativsatz angeschlossen ist. Die Verhältnisse zwischen Haupt- und Nebensatz sind in (13) und (14) interessanterweise genau umgekehrt: Während in (13) der Hauptsatz den Kommentar zu dem in einen Nebensatz verpackten Topik liefert, liefert in (14) gerade der Nebensatz, ein Relativsatz, den Kommentar zu dem Topik, das in dem Kopula-Hauptsatz besonders herausgestellt wird.

(14) Es war [TOPIK Miriam,] [KOMMENTAR die die Brausebonbons zubereiten wollte.]

Bei (15) handelt es sich um einen **Sperrsatz** (auch bekannt als **Pseudocleft-Satz**). Auch in ihm wird ein Kopula-Hauptsatz verwendet; er realisiert hier allerdings – im Gegensatz zu (14), aber wie in (13) – den Kommentar.

(15) [TOPIK Was Miriam zubereiten wollte,] [KOMMENTAR (das) waren Brausebonbons.]

Die Konstruktionen, die wir soeben betrachtet haben, sind etwas ungewöhnlich. Andere syntaktische Mittel, mit denen wir Topiks besonders auszeichnen können, brauchen weniger Aufwand: Wir können ganz einfach mit der Wortstellung arbeiten. Zwar gibt es keine Position im normalen deutschen Satz, die einzig und allein für Topiks reserviert wäre. Aber zwei Positionen sind für Topiks besonders geeignet, erstens das Vorfeld am Satzanfang, zweitens die linke Seite des Mittelfeldes.

Aufgabe 3: Versuchen Sie, die Konstruktionen, die in (11) – (15) illustriert wurden, mit den Sätzen (10a-c) durchzuspielen. Gehen Sie dabei davon aus, dass die kursiv gedruckten Ausdrücke in (10a-c) jeweils die Topiks vorgeben.

3.8 Topiks in der Vorfeld-Position

Das Vorfeld des deutschen Satzes kann sehr unterschiedlich besetzt werden, zum Beispiel mit Subjekten, Objekten oder Adverbialen, aber auch mit Teilen des Prädikats. Im Allgemeinen sagt man, dass das Vorfeld durch eine Konstituente besetzt werden kann, und gewöhnlich stimmt das auch. Welche Konstituente im Vorfeld landet, wird dabei wesentlich durch den Satzkontext bestimmt. Eine der Tendenzen zur Vorfeldbesetzung ist, das Satztopik dort hineinzustellen.

Dies hat wohl dazu geführt, dass die Besetzung des Vorfelds manchmal als „Topikalisierung“ bezeichnet wird. Dies wiederum hat wohl viele zu der falschen Annahme verleitet, im deutschen Vorfeld stünden immer Topiks. Das ist aber falsch, denn das Vorfeld kann auch nach anderen Gesetzmäßigkeiten besetzt werden. So können dort ebenso gut beispielsweise auch Anschlusselemente an den jeweils vorangehenden Satz, fokussierte Ausdrücke, Satzadverbiale oder nicht-topikale Temporal- und Lokaladverbiale stehen.

Damit möchte ich aber natürlich nicht bestreiten, dass das Vorfeld auch einer der bevorzugten Aufenthaltsorte von Topiks ist. Das hängt mit der im vorigen Abschnitt erwähnten universellen Tendenz zusammen, dass Topiks möglichst am Satzanfang stehen wollen.

In den Sätzen in (16) steht das, worüber etwas ausgesagt wird, jeweils im Vorfeld des Satzes. (16a) stammt von Alfons Schuhbeck, einem Sternekoch aus Bayern, aus einer Zeitschriftenwerbung von 2001, die Werbung für Rindfleisch machte – Rindfleisch ist also das, worüber hier eine Aussage gemacht wird. (16b) ist der Beginn des Johannesevangeliums, der den Anfang der Schöpfung thematisiert.

(16) a. *Rindfleisch* kann ich meinen Gästen mit gutem Gewissen empfehlen.
b. *Im Anfang* war das Wort, und das Wort war bei Gott, und das Wort war Gott

Halten wir also fest: Topiks können sehr gut im Vorfeld des deutschen Satzes stehen. Das ist aber mitnichten die einzige Besetzungsmöglichkeit für das Vorfeld! Darauf werden wir in Abschnitt 7.2 noch einmal ausführlicher eingehen.

3.9 Topiks am linken Rand des Mittelfeldes

Ein ebenfalls beliebter Platz für Topiks ist der Beginn des Mittelfeldes. (17) zeigt einige Beispiele, die entsprechend den Sätzen aus (16) gebildet sind. Hier stehen die Topiks jeweils am Anfang des Mittelfeldes des Nebensatzes, in (17a) nach dem pronominalen Subjekt, in (17b) am absoluten Beginn des Mittelfeldes.

(17) a. Alfons Schuhbeck sagt, dass er *Rindfleisch* seinen Gästen mit gutem Gewissen empfehlen kann.
b. Der Beginn des Johannesevangeliums sagt, dass *im Anfang* das Wort war.

Diese Sätze werfen die Frage auf, wo genau die rechte Grenze des ‚Beginns des Mittelfeldes' anzusiedeln ist – insbesondere weil das Topik zwar in (17b) den ersten Ausdruck des Mittelfeldes stellt, nicht aber in (17a). Dort steht davor noch das Personalpronomen *er*.

Frey (2004) bietet darauf eine Antwort. Ihm zufolge stehen Topiks im Mittelfeld bevorzugt links von Satzadverbialen wie *vielleicht*, *glücklicherweise* oder *anscheinend*. Den Effekt dieser Position kann man erkennen, wenn man die Topiks in ihrer Stellung links und rechts von solchen Satzadverbialen variiert: Die Varianten, in denen es auf der rechten Seite des Satzadverbials steht, werden von vielen Sprechern des Deutschen als weniger akzeptabel beurteilt. Das gilt jedoch nicht für alle Sprecher – wenn Sie die Intuition nicht teilen, ist das also kein Grund, beunruhigt zu sein, Sie hätten etwas nicht verstanden.

(18) a. Alfons Schuhbeck kann *Rindfleisch* glücklicherweise seinen Gästen mit gutem Gewissen empfehlen.
b. ?Alfons Schuhbeck kann glücklicherweise *Rindfleisch* seinen Gästen mit gutem Gewissen empfehlen.
c. Laut dem Johannesevangelium war *im Anfang* anscheinend das Wort.
d. ?Laut dem Johannesevangelium war anscheinend *im Anfang* das Wort.
e. [Ich erzähl dir etwas über die sieben Zwerge:] Ab September wollen *die sieben Zwerge* vielleicht Schneewittchen fest anstellen.
f. ?[Ich erzähl dir etwas über die sieben Zwerge:] Ab September wollen vielleicht *die sieben Zwerge* Schneewittchen fest anstellen.

Diese Position ist also für Topiks gut geeignet. Interessanterweise ist die Position darüber hinaus anscheinend für Nicht-Topiks mehr oder weniger streng verboten. Dafür argumentiert Frey unter anderem mit Sätzen, in denen die Position für unmögliche Topiks erprobt wird. Ein Grundgedanke dabei ist, dass ein Wort wie *niemand* kein Topik sein kann, da es sich auf nichts bezieht, über das man einen Karteikarteneintrag vornehmen könnte. Solche Ausdrücke können nicht vor Satzadverbialen wie *vielleicht* stehen.

(19) a. *Ab September will *niemand* vielleicht Schneewittchen fest anstellen.
b. Ab September will vielleicht *niemand* Schneewittchen fest anstellen.

Sätze wie diese zeigen, dass es zumindest schwer – wenn nicht unmöglich – ist, eindeutige Nicht-Topiks im Mittelfeld vor Satzadverbiale zu stellen. Das soll für den Moment reichen; Abschnitt 7.3 wird sich noch einmal allgemeiner mit Wortstellungstendenzen im Mittelfeld auseinandersetzen.

3.10 Topik und Kommentar im Text

In den vorigen Abschnitten haben wir einzelne Sätze danach untersucht, wie sich Topik und Kommentar verhalten – beispielsweise hinsichtlich ihrer syntaktischen Kodierung. Topik und Kommentar sind jedoch auch für größere sprachliche Einheiten bis hin zu ganzen Texten aufschlussreiche Analysekategorien. Denn Texte können unterschiedlich gestaltet sein hinsichtlich ihrer **thematischen Progression**, das heißt hinsichtlich der Muster, nach denen Topiks eingeführt und gewechselt werden; man spricht hier auch von **Topikketten**. Daneš (1970, wieder abgedruckt 1978), der sich damit befasst hat – allerdings in einer etwas anderen Terminologie als wir; er verwendet anstatt der Begriffe „Topik" und „Kommentar" die Begriffe „Thema" und „Rhema" – fand die thematische Progression so zentral, dass er sagte, sie stelle das Gerüst des Textaufbaus dar.

Zu den Mustern, die Daneš beobachtet, gehört erstens das der **linearen Progression**. Dabei wird aus dem Kommentar einer Aussage das Topik der darauf folgenden Aussage gebildet. Dies Muster wird von Daneš wie folgt repräsentiert:

(20) T1 → K1
↓
T2 (= K1) → K2
↓
T3 (= K2) → K3
…

Wir finden das Muster in den ersten drei Sätzen des Vorworts von *Gorillas im Nebel* (Dianne Fossey: „Gorillas im Nebel. Mein Leben mit den sanften Riesen." München: Kindler Verlag, 1989. Englisches Original 1983.), die Ihnen schon aus Aufgabe 1 bekannt sind. Um das Muster deutlich zu machen, markiere ich in (21) die Topiks eines jeden Satzes durch Fettdruck; die Ausdrücke aus dem Kommentar, die sich im nächsten Satz als Topik wieder finden, sind an ihrem Kursivdruck zu erkennen.

(21) (1) **Das Buch „Gorillas im Nebel"** erzählt einige Ereignisse aus den dreizehn Jahren, die ich mit *den Berggorillas* in ihrem natürlichen Lebensraum verbrachte, und enthält Forschungsergebnisse aus fünfzehn Jahren ununterbrochener Freilandbeobachtungen. (2) **Berggorillas** gibt es nur *auf sechs erloschenen Vulkanbergen in der Virungakette*, nicht auf den beiden aktiven Vulkanen. (3) **Die von den Gorillas bewohnte Zone** ist ungefähr 40 Kilometer lang und schwankt in der Breite zwischen etwas 10 und 20 Kilometern.

Dies Muster entspricht also einer Topik-Kommentar-Vernetzung von Satz zu Satz.

In den nächsten Sätzen desselben Textes finden wir ein anderes Muster, die **Progression mit abgeleiteten Topiks**. In der Repräsentation von Daneš finden wir es mit einer Darstellung wie folgt.

(22)
T
↓ ↓ ↓
T1 → K1 T2 → K2 T3 → K3

Hier können die Topiks der einzelnen Sätze (4) und (5) als Teile des Topiks von Satz (3) analysiert werden. Das heißt, wir haben so etwas wie ein Obertopik, die von den Gorillas bewohnte Zone, von dem Untertopiks abgeleitet sind.

(23) (3) **Die von den Gorillas bewohnte Zone** ist ungefähr 40 Kilometer lang und schwankt in der Breite zwischen etwas 10 und 20 Kilometern. (4) **Zwei Drittel des Schutzgebietes** liegen in Zaire (ehemals Demokratische Republik Kongo) im Virunga-Nationalpark und etwa 12 000 Hektar in Ruanda im Parc National des Volcans. (5) **Der verbleibende kleine nordöstliche Teil des Vorkommens von Berggorillas** liegt in Uganda und ist unter dem Namen Kigezi-Gorillaschutzgebiet bekannt.

Die ‚abzweigenden' Untertopiks sind hier die in (4) genannten zwei Drittel des Schutzgebietes und der in (5) genannte verbleibende nordöstliche Teil.

Ein drittes Muster, vielleicht das einfachste, finden wir kurze Zeit später in den Sätzen des Textes. Hier bleibt das Topik ganz einfach gleich; es wird in den jeweiligen Sätzen mit einem anderen Kommentar kombiniert, so dass wir ein **durchlaufendes Topik** haben. (Ich habe die Darstellung von Daneš in (24) etwas verändert, so dass sie mir intuitiv leichter verständlich erscheint.)

(24) T1 → K1
↓
T2 (= T1) → K2
↓
T3 (= T1) → K3
...

In (25) wird dies anhand von zwei Sätzen illustriert, die beide Carl von Linné als Topik haben.

(25) (7) 1758 hat **Carl von Linné**, der ernstzunehmende Systematiker, die nahe Verwandtschaft von Menschen, Affen und Menschenaffen offiziell anerkannt. (8) **Er** fasste alle drei zur Ordnung der Primaten (Herrentiere) zusammen und hob damit ihre hohe Stellung im Tierreich hervor.

Wie an diesen Beispielen deutlich wird, können die Muster der thematischen Progression innerhalb eines Textes wechseln.

Aufgabe 4: Analysieren Sie die folgenden Texte (aus Daneš (1970)) danach, welche Muster von thematischer Progression hier festzustellen sind.
(1) *Goethe war überzeugt von dem Fortschritt der menschlichen Entwicklung. Er trat für die Erziehung des Menschengeschlechts zur friedlichen Entwicklung ein ... Goethe nannte sich ‚ein Kind des Friedens'.*
(2) *Unsere Wirtschaft sucht rationelle Arbeitsverfahren. Rationelle Arbeitsverfahren sucht auch die Wissenschaft.*
(3) *Die Sozialistische Republik Rumänien liegt am Schnittpunkt des 45. Breitenkreises mit dem 25. Längenkreis. Die Bodenfläche des Landes beträgt 235 500 Quadratkilometer; seine Bevölkerungszahl ist 19 Millionen Einwohner. Die Staatsgrenze hat eine Gesamtlänge von ... Kilometern.*
(4) *Alle Stoffe bestehen aus Atomen. Diese winzig kleinen Teilchen der Materie machen freilich ihrem Namen keine allzu große Ehre, denn „Atom" bedeutet ja „unteilbar".*

3.11 Topik und Rahmensetzung

Wenn wir über etwas sprechen, schlägt sich das darin nieder, dass viele Dinge, die wir aussagen, nicht absolut und wörtlich zu verstehen sind, sondern in einem gewissen Geltungsbereich – eben in dem Geltungsbereich, über den wir sprechen. Das kann explizit gemacht werden, es kann aber auch implizit geschehen. Dies wird seit vielen Jahren in unterschiedlichen Zusammenhängen diskutiert.

Ein vielzitiertes Beispiel aus der Literatur ist der Satz (26) bzw. im Original in Partee (1973) eine englische Variante davon.

(26) Ich hab den Herd nicht ausgeschaltet.

Dieser Satz ist, wenn man ihn nicht auf eine bestimmte Situation bezieht, reichlich uninteressant, denn natürlich gilt für uns alle, dass wir zu den meisten Zeitpunkten unseres bisherigen Lebens den Herd nicht ausgeschaltet haben. Der springende Punkt hier ist, dass wir den Satz natürlich nicht so allgemein und absolut verstehen, sondern situationsspezifisch ungefähr als „Zu dem kontextuell relevanten Zeitpunkt, als wir vorhin das Haus verlassen haben, habe ich den Herd nicht ausgeschaltet."

Genau genommen reden wir ständig so, dass wir das, was wir sagen, auf bestimmte, kontextuell beschränkte Situationen beziehen (siehe dazu auch Klein (2008)). Oft geschieht das, ohne dass wir es explizit ausdrücken würden – wie es ja auch in (26) illustriert wird. Natürlich kann man solche **kontextuellen Restriktionen** oder Beschränkungen aber auch explizit machen. (27) illustriert dies für verschiedene Fälle.

(27) a. Ich hab den Herd nicht ausgeschaltet [, bevor wir losgegangen sind].
b. Die Sonne scheint [jetzt und hier in Osnabrück].
c. Alle [, die ich eingeladen hatte,] sind [zu meinem Spieleabend am letzten Mittwoch] gekommen.

Diese kontextuellen Beschränkungen beziehen sich alle direkt auf die Situation selbst und sagen zum Beispiel etwas Näheres darüber aus, wann oder wo oder mit welchen Beteiligten die Situation stattfindet oder stattfand. Erst wenn man die kontextuellen Beschränkungen mit versteht, die der Sprecher intendiert, kann man als Hörer wirklich nachvollziehen, worauf die Aussage sich bezieht, und beurteilen, ob sie wahr ist.

Eine andere Art von Beschränkung liegt vor, wenn wir den Geltungsbereich einer Aussage beschränken. (28) zeigt dies an ein paar Beispielen. Die Ausdrücke in den eckigen Klammern schränken hier jeweils den Geltungsbereich des Rests der Aussage wesentlich ein und bestimmen so sehr stark mit, worüber etwas ausgesagt wird.

(28) a. [Was das Aufsuchen der Mensa angeht,] kommt Daniela mit ihrem Studium prima zurecht.
b. [In Deutschland] ist Harald Juhnke weltberühmt.
c. [Wo ich herkomme,] ist 4011 eine Primzahl.
d. [Im Mittelalter] war die Erde eine Scheibe.

Das kann man sehr gut sehen, wenn man sich die Sätze im Gegensatz dazu ohne diese **Rahmenausdrücke** vorstellt: Dass Daniela sehr gut mit ihrem Studium zurechtkommt, ist schon eine deutlich andere Aussage als die, dass sie in Bezug auf das Aufsuchen der Mensa sehr gut mit dem Studium zurechtkommt (28a). Und dass Harald Juhnke weltberühmt ist, wird durch die Angabe *in Deutsch-*

land natürlich sehr stark eingeschränkt – der Satz besagt lediglich, dass die Leute in Deutschland der Meinung sind, Harald Juhnke sei weltberühmt. Ähnlich ist es bei (28c) (Kleiner Tipp, falls Sie in Mathe nicht so gut sind: Die Quersumme von 4011 ist durch 3 teilbar; also kann es sich nicht um eine Primzahl handeln.). (28d) schließlich will natürlich nicht sagen, dass die Form der Erde sich in den letzten tausend Jahren wesentlich geändert hat, sondern dass man im Mittelalter allgemein an eine flache Erdform glaubte. (Das schöne Beispiel (28b) stammt von Claudia Maienborn; eine Variante von (28c) von Wolfgang Klein.)

Rahmensetzende Ausdrücke werden in der Literatur oft als Topik-ähnliche Ausdrücke behandelt. Das entspricht aber nicht ihrem Wesen: Wenn es sich dabei um Topiks handeln würde, würde das ja bedeuten, dass man die Aussagen aus (28) jeweils auf einer Karteikarte zu notieren hätte, die die Rahmenausdrücke als Überschrift trägt. Während das bei (28c) und (28d) zumindest einigermaßen plausibel ist, ist es für (28a) und (28b) eher abwegig. Sicher möchte man nicht unter „Mensa-Aufsuchen" ablegen, dass Daniela mit ihrem Studium zurechtkommt. Und vermutlich möchte man auch nicht unter „Deutschland" ablegen, dass Harald Juhnke weltberühmt ist, sondern – wenn überhaupt – dann eher unter „Harald Juhnke". Halten wir also fest: Rahmenausdrücke können manchmal möglicherweise Topik sein, müssen das aber nicht. Deswegen ist es wichtig, sie von Topiks zu trennen (siehe dazu auch Jacobs (2001), Chafe (1976) und Krifka und Musan (im Erscheinen)).

Zusammenfassung: Unter einem Topik versteht man das, worüber ein Satz eine Aussage macht. Der Kommentar ist das, was darüber gesagt wird. Dies spiegelt sich in der Idee wider, Topiks mit Karteikarten zu bestimmten Themen zu vergleichen, auf denen Informationen darüber eingetragen werden. Die Unterscheidung von Topik und Kommentar ist unabhängig von der zwischen Bekanntheit und Unbekanntheit. Topiks können oft durch geeignete Fragetests identifiziert werden. Sätze können unter Umständen auch mehrere oder auch gar keine Topiks enthalten. Auf der Ebene der Syntax zeichnen Topiks sich oft durch eine herausragende grammatische Funktion als Subjekt aus oder durch eine auffallende Position am Satzanfang – entweder in besonderen Konstruktionen, im Vorfeld oder am Beginn des Mittelfeldes. Texte lassen sich danach untersuchen, wie gleich bleibende oder wechselnde Topiks in den Sätzen auftreten. Rahmensetzungen erscheinen Topiks auf den ersten Blick ähnlich, müssen tatsächlich aber von ihnen unterschieden werden.

Grundbegriffe: Topik, Kommentar, Satztopik, Diskurstopik, psychologisches Subjekt, psychologisches Prädikat, thetisch, Passivierung, (Lose Topik-) Linksversetzung, freies Topik, Spaltsatz, Cleft-Satz, Sperrsatz, Pseudocleft-Satz, thematische Progression, lineare Progression, Progression mit abgeleiteten Themen, durchlaufendes Topik, kontextuelle Beschränkung, Rahmensetzung.

Weiterführende Literatur: Jacobs (2001) beleuchtet den Topik-Begriff von verschiedenen Seiten. Zifonun et al. (1997: 508-529) listen einige Thematisierungsformeln auf. Givón (1983) befasst sich unter dem Begriff „Topikketten" (‚topic chains') mit der Frage, wie unterschiedliche Topik-Status – neu eingeführtes Topik, beibehaltenes Topik oder Topikkettenende mit anstehendem Topikwechsel – sprachlich kodiert werden können; dabei ist er an einer typologischen bzw. sprachvergleichenden Sicht interessiert. Klein (2008) behandelt kontextuelle Beschränkungen unter der Bezeichnung „Topiksituation". Maienborn (1996) behandelt adverbiale Beschränkungen auf unterschiedlichen Ebenen.

4. Die Dimension von Fokus und Hintergrund

4.1 Verschiedene Funktionen von Fokus

In diesem Kapitel befassen wir uns mit der dritten Dimension, die der Informationsstruktur zugerechnet wird, mit der des **Fokus**. Dabei geht es darum, dass Fokus **Alternativen** zu einer im Satz genannten Einheit nahelegt, die bei der Interpretation der Äußerung eine wichtige Rolle spielen. In der gesprochenen Sprache wird vor allem durch den **Akzent** gesteuert, welche Einheit das ist. Ein solcher Akzent kann auf verschiedene Weise realisiert werden: Erstens kann es eine deutliche Veränderung der Tonhöhe nach oben oder unten geben; dementsprechend unterscheidet man steigenden und fallenden Akzent. Zweitens kann die Lautstärke verstärkt werden. Drittens kann die Dauer von akzentuierten Silben verlängert werden, das heißt sie werden gedehnt. Alle drei Eigenschaften können auch Hand in Hand gehen. Im Deutschen ist nach allgemeiner Ansicht der Forschung die Veränderung der Tonhöhe am wichtigsten und beim Fokusakzent handelt es sich meist um einen fallenden Akzent.

Hier ist ein erstes Beispiel; der Akzent wird wieder durch Großbuchstaben markiert. Die Fokus-Einheit ist durch entsprechende Klammern gekennzeichnet; den Rest des Satzes bezeichnen wir als

Hintergrund. In (1) wird durch den Akzent ein Bezug zwischen *Katze* und *Kaninchen* hergestellt und Katze und Kaninchen werden als Alternativen dargestellt. Dadurch entsteht hier ein **Kontrast** zwischen beiden.

(1) *Kontrast*
(Mareike hat ein Kaninchen.)
[HINTERGRUND Eva hat eine] [FOKUS KATze].

Im Rest dieses Abschnitts werden wir verschiedene Beispiele betrachten. Dabei wird deutlich werden, dass Fokus durch seine Fähigkeit, Alternativen nahezulegen, sehr viele unterschiedliche Funktionen erfüllen kann. Das liegt daran, dass die nahegelegten Alternativen in unterschiedlicher Weise in die Interpretation der Sätze eingehen können.

Dem Kontrast ähnlich ist die **Korrektur**. Im Grunde wird durch den Fokus auch hier ein Kontrast ausgedrückt; nur hat die Korrektur zusätzlich die Funktion, den korrigierten Ausdruck zu verneinen. Das wird in (2) gezeigt.

(2) *Korrektur*
(Eva hat eine Ratte.) Nein, Eva hat eine [FOKUS KATze.]

Andere Effekte zeigen sich, wenn Fokus mit so genannten **Fokuspartikeln** (oft auch Gradpartikeln genannt) zusammenspielt; das sind Wörter wie zum Beispiel wie *nur*, *schon*, *noch*, *sogar* oder *auch*. Diese Partikeln sind nämlich fokussensitiv, d.h. sie beziehen sich aufgrund ihrer speziellen Bedeutung auf den fokussierten Ausdruck. Man spricht hier auch von einer **Assoziation** der jeweiligen Partikeln mit dem Fokus. So kann man die intendierte Bedeutung von (3a) verdeutlichen, indem man sagt: „Eva hat nur eine KATze, aber kein anderes Tier.“ Diese Fokussierung lässt übrigens zu, dass Eva zwei Katzen hat; allerdings bekommt der Satz dabei wohl den unangenehmen Beigeschmack, Katzen seien eher minderwertige Tiere. Eine Katzenzahleinschränkung gibt es aber in Satz (3b); die intendierte Bedeutung dieses Satzes lässt sich durch so etwas wie „Eva hat nur EIne Katze, aber nicht zwei oder drei“ verdeutlichen. In (3c) bewirkt das Zusammenspiel von *auch* und dem Fokus auf *Kater*, dass der Satz so etwas besagt wie „Simone hat – über eine Katze hinaus – auch einen Kater.“

(3) *Fokussensitive Partikeln*
a. Eva hat nur eine [FOKUS KATze].
b. Eva hat nur [FOKUS EIne] Katze.
c. Simone hat auch einen [FOKUS KAter].

Dass wir den Satz (3c) so verstehen, dass Simone „über eine Katze hinaus“ einen Kater hat, liegt an dem Kontext, der durch die beiden vorangehenden Sätze gebildet wird und in dem wir die Rede von Katzen hatten.

Das heißt, die Bedeutung der Sätze wird nicht nur durch ihr Wortmaterial allein geformt, sondern der weitere Kontext spielt dabei ebenfalls eine wichtige Rolle – der sprachliche Kontext ebenso wie der durch die Situation und der durch das allgemeine Weltwissen gebildete Kontext. Er liefert so etwas wie eine plausible Beschränkung der Alternativen, die durch die Fokussierung ins Spiel kommen. Dass solche Beschränkungen gelten, ist auch gut so, denn sonst würde (3a) behaupten, dass Eva nur eine Katze hat und kein Bett, keine T-Shirts, keine Haarbänder, keine Kaugummis, kein Mathebuch usw. Und so wollen wir solche Sätze im Allgemeinen natürlich nicht verstanden wissen!

Ähnlich klare Wirkungen zeigen sich auch, wenn durch den Fokus in einem Satz **skalare Alternativen** nahegelegt werden. Dabei kommen auf einer hierarchisch angeordneten Skala durch die Fokussierung entweder ‚höhere' oder aber ‚niedrige Werte' als Alternativen ins Spiel; die Auswirkungen davon zeigten sich auch schon bei der mangelnden Wertschätzung für Katzen im Zusammenhang mit (3a).

(4) *Skalare Alternativen*

a. Wie ist Charlotte mit Mathe zurechtgekommen? – Naja, Charlotte hat in der Klausur nur eine [FOKUS FÜNF] geschrieben.

b. Wie ist Charlotte mit Latein zurechtgekommen? – Ganz gut, Charlotte hat in der Klausur sogar eine [FOKUS ZWEI] geschrieben.

c. Wie geht es Mareen? – Ganz gut, Mareen hat nur eine [FOKUS ErKÄLtung].

d. Wie geht es Mareen? – Schlecht, Mareen hat sogar einen [FOKUS KNOchenbruch].

e. Macht ihr in den Ferien etwas Schönes? – Naja, wir fahren nur nach [FOKUS KÄRNten].

f. Macht ihr in den Ferien etwas Schönes? – O ja, wir fahren sogar nach [FOKUS DÄnemark]!

Die ‚Skalen', die hier offenbar vorausgesetzt werden, können also von sehr unterschiedlicher Natur sein. Bloß (4a) und (4b) gehen von einer Skala aus, die wohl jeder von uns spontan als Skala erkennt: die Notenskala. Dabei signalisiert *nur* in (4a), dass das fokussierte Element von der Skala, die Note Fünf, einen niedrigen Wert auf der Skala hat. *Sogar* in (4b) hingegen zeigt an, dass das fokussierte Element, die Note Zwei, einen hohen Wert hat. In (4c) und (4d) wird offenbar eine Skala von Krankheiten und Verletzungen vorausgesetzt, auf der die Erkältung einen niedrigen Wert hat, der Knochenbruch einen hohen. In (4e) und (4f) schließlich wird wieder eine völlig andere Skala zugrundegelegt – offenbar eine Skala von Urlaubszielen, auf der beispielsweise Kärnten eher unten rangiert, während Dänemark weit oben steht.

Wir sehen an diesen Sätzen übrigens noch mehr: Erstens ist es offenbar so, dass die Skalen nicht absolut und objektiv sein müssen; die Skala der Urlaubsziele zum Beispiel ist subjektiv – es soll Leute geben, die lieber nach Kärnten als nach Dänemark fahren. Zweitens bedeutet, dass man sich oben auf einer Skala befindet, nicht unbedingt, dass man sich hoher Wertschätzung erfreut – die meisten von uns würden eine Erkältung vermutlich einem Knochenbruch vorziehen.

Wahrscheinlich ist Ihnen bei den Beispielen oben aufgefallen, dass dieselben Fokuspartikeln manchmal im Zusammenhang mit Skalen interpretiert werden, wie in (4), manchmal aber nicht – wie in (3a), wo nahegelegt wird, dass Eva eine Katze hat und sonst nichts: Andere Möglichkeiten werden hier ohne Verweis auf eine Skala komplett ausgeschlossen. Im ersten Fall spricht man von skalaren Lesarten, im zweiten Fall von quantifizierenden Lesarten.

Aufgabe 1: In den folgenden Sätzen wird *Luise hat nur ein Reh im Wald gesehen* jeweils durch einen kontrastierenden Zusatz (in Klammern) ergänzt. Setzen Sie in den Sätzen jeweils den dazu passenden Fokusakzent.

a. *Luise hat nur ein Reh im Wald gesehen (nicht zwei oder drei).*
b. *Luise hat nur ein Reh im Wald gesehen (aber keinen Hasen).*
c. *Luise hat nur ein Reh im Wald gesehen (aber nicht vor dem Wald).*
d. *Luise hat nur ein Reh im Wald gesehen (aber nicht auf der Wiese).*
e. *Luise hat nur ein Reh im Wald gesehen (aber nicht fotografiert).*

Aufgabe 2: Die Fokussierungen in den Sätzen unten haben zum Teil eine merkwürdige Wirkung; dabei sollte man sich (c) und (d) als Bibliotheksschild vorstellen, (e) und (f) als Schild an einer Rolltreppe. Beschreiben Sie, wie sich die Bedeutung der Sätze je nach Fokussierung verändert. Wie kommt es dazu? (Die schönen Beispiele hat Carla Umbach zusammengetragen.)

a. *Hans schreibt keine Gedichte in seinem BüRO.*
b. *Hans schreibt keine GeDICHte in seinem Büro.*
c. *Bitte LEIse sprechen.*
d. *Bitte leise SPREchen.*
e. *Hier müssen HUNde getragen werden.*
f. *Hier müssen Hunde geTRAgen werden.*

Aufgabe 3: Vergleichen Sie die folgenden Sätze. Welchen Einfluss haben die unterschiedlichen Positionen von *nur* auf die Bedeutung der Sätze? Wohin kann jeweils der Fokusakzent gesetzt werden?

a. *Nur Wolfgang hat die Bücher gestern ohne Begeisterung angeschaut.*
b. *Wolfgang hat nur die Bücher gestern ohne Begeisterung angeschaut.*

---

c. *Wolfgang hat die Bücher nur gestern ohne Begeisterung angeschaut.*
d. *Wolfgang hat die Bücher gestern nur ohne Begeisterung angeschaut.*
e. *Wolfgang hat die Bücher gestern ohne Begeisterung nur angeschaut.*

Aufgabe 4: Überlegen Sie sich sinnvolle Kontexte, in denen die beiden folgenden Sätze auftreten könnten. Was für eine Skala setzen Sie dabei jeweils voraus?

a. *Maria hat das Referat nur vorgelesen.*
b. *Maria hat das Referat sogar vorgelesen.*

4.2 Fokusakzent, seine Platzierung und Projektion

In Abschnitt 2.5 haben wir festgestellt, dass es eine Korrelation zwischen der Unterscheidung von Bekannt und Unbekannt und der Akzentuierung gibt: Anscheinend erhält ein Ausdruck, der etwas Unbekanntes bezeichnet, einen Akzent, während ein Ausdruck, der etwas Bekanntes bezeichnet, keinen Akzent erhält. Ferner hatten wir in Abschnitt 2.4 gesehen, dass Akzentuierung auch bei der Auflösung von Anaphernmehrdeutigkeiten genutzt werden kann. In diesem Kapitel nun haben wir uns damit befasst, dass Akzent Fokus signalisieren kann und somit eine wichtige Rolle dabei spielt, in besonderer Weise Alternativen in die Bedeutung von Sätzen einzubringen – höchste Zeit, sich etwas eingehender damit zu befassen, was Akzente eigentlich sind und wie sie sich verhalten.

Phonetisch wird ein Fokusakzent meist durch eine Mixtur von fallender Tonhöhe und Dehnung realisiert; auch andere Faktoren wie Lautstärke mögen dabei eine Rolle spielen. Generell wird ein Fokusakzent einer Silbe zugeordnet, die einen Wortakzent trägt, also den Hauptakzent eines Wortes (siehe auch Abschnitt 2.5). Diese akzenttragende Silbe wird als **Fokusexponent** bezeichnet.

Der Fokus selbst als der Ausdruck, zu dem durch den Akzent Alternativen nahegelegt werden, kann nun genau so groß sein wie der Fokusexponent, er kann aber auch größer sein. Das wird in (5) gezeigt. Dazu greifen wir wieder auf eine Variante des schon aus den Abschnitten 2.5 und 3.2 bekannten Fragetests zurück. Die Idee ist hier, dass durch eine W-Frage nach der richtigen Antwort aus einer Menge von möglichen Alternativen gefragt wird. Deshalb ist die Antwort auf eine W-Frage fokussiert; der Fokus in der Antwort entspricht dem Bedeutungstyp des W-Frageausdrucks. „FE“ steht in der Darstellung für „Fokusexponent“.

(5) a. Wen will Moritz treffen? – Moritz will [$_{\text{FOKUS = FE}}$ MAX] treffen.

b. Wen will Moritz treffen? – Moritz will [FOKUS Maxi [FE MI] lian] treffen.
c. Was will Moritz tun? – Moritz will [FOKUS [FE MAX] treffen].

Je nach der gestellten Frage kann man in der Antwort also einen unterschiedlichen und unterschiedlich großen Fokus erhalten. Auf die *Wen*-Frage erhalten wir einmal den Fokus *Max*, einmal den Fokus *Maximilian*, auf die Frage *was tun* erhalten wir den Fokus *Max treffen*. Der Fokusexponent ist dagegen in allen drei Fällen die akzenttragende Silbe *Max* beziehungsweise *mi*.

Zwischen Fokusexponent und Fokus gibt es ein mehr oder weniger klar geregeltes Verhältnis, das in der Fachliteratur entweder als **Fokusprojektion** oder als **Fokusvererbung** bezeichnet wird. Die Perspektiven hinter diesen beiden Begriffen sind jeweils etwas unterschiedlich. Die Fokusprojektion geht davon aus, dass der Fokusakzent auf einer Silbe, dem Fokusexponenten, sitzt und von dort aus seine Fokusfunktion gewissermaßen auf einen größeren Ausdruck im Satz projiziert. Sie stellt also die Frage: Wenn ich einen Fokusexponenten habe, wie finde ich dann heraus, für welchen Ausdruck der Akzent die Alternativen nahelegt? Die Kernfrage ist hier also: Wie soll der Fokus-Akzent interpretiert werden? In gewisser Weise ist das genau das Problem, dem sich ein Hörer stellen muss, wenn er mit einem Fokusakzent konfrontiert ist.

Die Fokusvererbung hingegen nimmt im Grunde die Perspektive eines Sprechers ein. Er hat eine bestimmte Aussageabsicht, die unter anderem festlegt, was der Fokus in seiner Aussage ist. Auf dieser Grundlage muss er sich ‚überlegen', auf welcher Silbe er den Fokusakzent platzieren sollte, damit der Hörer versteht, was denn insgesamt der Fokus sein soll. Wenn ich zu einem bestimmten, möglicherweise langen Ausdruck Alternativen nahelegen will, wo soll ich dann den Fokusakzent platzieren? Anders gesagt: Wie ist der Fokus phonetisch zu realisieren?

Um Fokusprojektion bzw. Fokusvererbung zu verstehen, muss man sich einige Punkte überlegen. Einer davon ist die Frage, welche Silben überhaupt einen Fokusakzent tragen können: Nicht alle Silben sind gleich gut dazu geeignet, einen Akzent zu realisieren. Es gibt dazu gewisse phonologische und lexikalische Beschränkungen. Normalerweise können nur Silben, die den Wortakzent eines Wortes tragen, einen Fokus ausdrücken (6a, b). Andere Silben sind im Deutschen sehr schlechte Akzent-Träger. Das gilt insbesondere für Reduktionssilben, d.h. Silben, die einen Schwa-Vokal oder – falls eine so genannte Schwa-Tilgung vorgenommen wird – einen Konsonanten als Silbenkern haben (6c, d), und auch für das Pronomen *es* (6e) im Gegensatz zu anderen Pronomen (6f). Reduktionssilben können allenfalls einen Kontrast-Fokus wie in (6g) ausdrücken; ein Ausdruck wird in Kontrast zu einem anderen Ausdruck gesetzt. Dabei werden beide akzentuiert.

(6) a. Ich habe geLEsen.
b. Ich HAbe gelesen.
c. *Ich habe GElesen.
d. *Ich habe geleSEN.
e. *Max hat eine Zeitung und ein Buch gelesen. ES war spannend.
f. Max hat eine Zeitung und ein Buch gelesen. SIE war spannend.
g. Max hat die Klausur nicht BEstanden, sondern VERstanden.

Ein weiterer wichtiger Punkt ist, wie weit bestimmte Fokusexponenten den Fokus projizieren können.

Wir schauen uns dazu zunächst genauer den folgenden Satz an: *Der hungrige Hai hat vor dem Wrack drei Heringe verspeist*. Wir probieren der Reihe nach bei jedem Wort, was durch seine Akzentuierung ausgelöst wird: Wie könnte ein kontrastierender Satz lauten? – Bevor Sie weiterlesen, sollten Sie das selbst auszuprobieren. Lassen Sie sich dafür einige Minuten Zeit und lesen Sie möglichst erst dann weiter, wenn Sie sich über die Effekte der verschieden platzierten Fokusakzente klar geworden sind!

Die verschiedenen Akzentuierungsvarianten werden in Beispielblock (7) gezeigt: Er zeigt die Akzente mit vorgeschlagenen passenden Kontrast-Sätzen, die uns einen Hinweis darauf geben, wie weit der Fokus in den einzelnen Varianten projiziert werden konnte. Dieser ist dann jeweils in unseren Test-Satz eingetragen. Wenn es mehrere Möglichkeiten der Fokusprojektion gibt, sind sie alle eingetragen.

(7) a. [$_{\text{FOKUS}}$ DER] hungrige Hai hat vor dem Wrack drei Heringe verspeist, …
… der andere hungrige Hai hat das nicht getan.
b. Der [$_{\text{FOKUS}}$ HUNGrige] Hai hat vor dem Wrack drei Heringe verspeist, …
… der satte Hai hat das nicht getan.
c. [$_{\text{FOKUS 3}}$ Der [$_{\text{FOKUS 2}}$ hungrige [$_{\text{FOKUS 1}}$ HAI]]] hat vor dem Wrack drei Heringe verspeist, …
… der hungrige Delphin hat das nicht getan. (1)
… der satte Tunfisch hat das nicht getan. (2)
… die Meeresforscherin hat das nicht getan. (3)
d. Der hungrige Hai [$_{\text{FOKUS 1/2}}$ HAT] vor dem Wrack drei Heringe verspeist, …
… er ist jetzt nicht mehr dabei, das zu tun. (1)
… das ist die Wahrheit! (2, zu dieser Lesart siehe Abschnitt 4.3)

e. Der hungrige Hai hat [FOKUS VOR] dem Wrack drei Heringe verspeist, …
… nicht dahinter.
f. Der hungrige Hai hat vor [FOKUS DEM] Wrack drei Heringe verspeist, …
… nicht vor dem anderen Wrack.
g. Der hungrige Hai hat [FOKUS 3 vor [FOKUS 2 dem [FOKUS 1 WRACK]]] drei Heringe verspeist, …
… nicht vor dem Korallenriff. (1)
… nicht vor der Höhle. (2)
… nicht hinter der Sandbank. (3)
h. Der hungrige Hai hat vor dem Wrack [FOKUS DREI] Heringe verspeist, …
… nicht vier.
i. [FOKUS 5 Der hungrige Hai [FOKUS 4 hat [FOKUS 3 vor dem Wrack [FOKUS 2 drei [FOKUS 1 HEringe]] verspeist,]]]
… nicht drei Taucher. (1)
… nicht eine Koralle. (2)
… und nicht Tauchern aufgelauert. (3)
… und ist nicht nach Kuba geschwommen. (4)
… sonst ist nichts Interessantes passiert. (5)
j. Der hungrige Hai hat vor dem Wrack drei Heringe [FOKUS verSPEIST], …
… nicht beobachtet.

Unsere Beobachtungen deuten darauf hin, dass der Fokus in etlichen Fällen gar nicht über das akzentuierte Wort hinaus projiziert werden kann (7a, b, d, e, f, h und j). Nur in (7c, g und i) gibt es diese Möglichkeit überhaupt. Nach welchen Gesetzmäßigkeiten das funktionieren könnte, erscheint allerdings auf den ersten Blick reichlich geheimnisvoll. Selbst bei näherer Betrachtung stellt sich heraus, dass es zwar einerseits einige Prinzipien der Fokusprojektion gibt, dass es dazu aber andererseits auch Ausnahmen gibt. Deshalb wollen wir hier nur einige sehr elementare Grundzüge der Fokusprojektion andeuten.

Zunächst einmal ist anzumerken, dass Fokus in den meisten Fällen auf dem akzentuierten Wort verbleibt. Nur in folgenden Fällen beobachten wir überhaupt Fokusprojektion: in (7c), wo der Fokus vom Kopf der Subjekt-Nominalphrase bis auf die ganze Nominalphrase hin projiziert werden kann; in (7g), wo der Fokus vom Kopf der in dem Lokaladverbial eingebetteten Nominalphrase auf die gesamte Präpositionalphrase projiziert werden kann; in (7i), wo der Fokus vom Kopf der Akkusativobjekt-Nominalphrase aus am weitesten, nämlich bis hin zum Satz als Ganzes, projiziert werden kann.

Der letztgenannte Fall ist wohl der erstaunlichste: Wieso kann man ausgerechnet vom Akkusativobjekt aus am weitesten projizieren? – Warum das so ist, kann ich Ihnen letztlich nicht sagen, aber generell scheint es so zu sein, dass Fokus auf so genannten internen Argumenten meist besonders weit trägt; sie sind durch die Valenz beispielsweise eines Verbs vorgegeben und ihm besonders eng zugeordnet. Das gilt allerdings nur, wenn diese Argumente nicht im Mittelfeld des Satzes an eine andere Stelle als ihre zugrunde liegende Position bewegt werden.

(8) a. Was können Haie? – Haie können besonders schnell HEringe fressen.
b. ?Was können Haie? – Haie können HEringe besonders schnell fressen.

Auf der Grundlage von Sätzen wie denen in (8) könnte man auf die Idee kommen, dass nicht nur interne Argumente die Fähigkeit haben, Fokus besonders weit zu projizieren, sondern dass generell das letzte Satzglied des Mittelfeldes diese Fähigkeit hat. Das ist jedoch offenbar nicht so, wie (9) zeigt.

(9) ?Was können Haie? – Haie können Heringe in sehr tiefem WASser fressen.

Unter vielen anderen Faktoren spielt in die Fokusprojektion oft auch hinein, dass Akzentuierung ja nicht nur Fokus anzeigt, sondern auch zur Markierung von Unbekanntem dient und auf Bekannten Elementen meist fehlplatziert wirkt. Dadurch kann es manchmal zu Konflikten kommen. (10a) und (10b) zum Beispiel verhalten sich, wie wir es erwarten würden: Der Fokus der Antwort ist *einen Hering gefressen* und der Fokusakzent ist auf dem Kopf des Akkusativobjekts (10a); auf dem Verb kann er nicht sein (10b). Wenn aber der Hering in der Frage vorerwähnt ist, klappt das nicht mehr, weil es einen Konflikt gibt – *den Hering* möchte, da der Hering bekannt ist, deakzentuiert sein und ist deshalb nicht tauglich, um den Fokusakzent zu tragen (10c). Ersatzweise kann der Fokusakzent in diesem Fall auf das Verb wandern (10d).

(10) a. Was hat der Hai gestern getan? – Er hat einen HEring gefressen.
b. ?Was hat der Hai gestern getan? – Er hat einen Hering geFRESsen.
c. ?Was hat der Hai gestern getan, nachdem er am Wrack einen Hering entdeckt hatte? – Er hat den HEring gefressen.
d. Was hat der Hai gestern getan, nachdem er am Wrack einen Hering entdeckt hatte? – Er hat den Hering geFRESsen.

Dies war nur ein kurzer Eindruck zur Fokusprojektion. Wer es genauer wissen will, sei auf die Fachliteratur dazu verwiesen: Die Diskussion um diesen Phänomenbereich wurde von Selkirk (1984) in Gang gesetzt. Büring (2006) bietet eine aktuelle Diskussion des Phänomens und enthält viele Hinweise auf einschlägige Literatur.

Aufgabe 5: Warum ist (a) akzeptabel, (b) aber nicht?

a. *Was hat Eva gemacht? – Sie hat das ganze BUCH gelesen.*

b. ??*Was hat Eva gemacht? – Sie hat den ganzen TAG gelesen.*

Aufgabe 6: Subjekte können den Fokus normalerweise nicht vererben. Dazu gibt es allerdings Ausnahmeverben. In welchem der beiden folgenden Sätze wird der Fokus von dem Subjekt auf den ganzen Satz vererbt?

a. *Unser NACHbar hat gehustet.*

b. *Unser NACHbar ist gekommen.*

Aufgabe 7: Finden Sie anhand der folgenden Sätze heraus, ob der Fokus jeweils projiziert werden kann oder nicht.

a. *Lea hat sehr geschickt die Vase auf den ESStisch gestellt.*

b. *Lea hat auf den ESStisch sehr geschickt die Vase gestellt.*

c. *Auf den ESStisch hat Lea sehr geschickt die Vase gestellt.*

4.3 Verum-Fokus

In (7d) oben waren wir darauf gestoßen, dass der Fokusakzent auf dem finiten Hilfsverb *hat* nicht nur hervorhob, dass es sich bei der Aussage des Satzes um eine handelt, die sich auf die Vergangenheit bezieht, sondern dass der Akzent auch hervorhob, dass die Aussage wahr sei. Das Beispiel ist hier noch einmal wiederholt.

(11) Der hungrige Hai [$_{\text{FOKUS 1/2}}$ HAT] vor dem Wrack drei Heringe verspeist, ...
... er ist jetzt nicht mehr dabei, das zu tun. (1)
... das ist die Wahrheit! (2)

Diese letztgenannte Art von Fokus wird nach Höhle (1992) **Verum-Fokus** (oder auch Polaritätsfokus) genannt. Der Begriff kommt von dem lateinischen Wort *verum*, ‚wahr'. Verum-Fokus wird zum Beispiel verwendet, wenn man eine angezweifelte oder modalisierte Aussage wieder aufgreift und dann ihren Status als wahr hervorheben will. In Diskussionen findet man dies häufig. (12) zeigt ein paar Dialogbeispiele dafür; in den Beispielsätzen (12c) und (12d) bietet es sich dabei an, einen weiteren Akzent auf *weiß* zu legen.

(12) a. Maria hat mich gehauen! – Ich hab dich nicht gehauen. – Doch, du HAST mich gehauen!
b. Ich habe geträumt, dass die Sitzung ausfällt. – Aber die Sitzung FÄLLT aus.
c. Hans meint, das Buch sei möglicherweise ausgeliehen. – Es IST ausgeliehen, ich weiß es.
d. Hans meint, das Buch sei möglicherweise ausgeliehen. – Nicht nur möglicherweise, ich weiß, DASS das Buch ausgeliehen ist.

Der Rest des Satzes, der in diesen Fällen schon aus dem Kontext bekannt ist, ist entsprechend seines Bekanntheitsstatus deakzentuiert.

Wie (12d) zeigt, kann eine Markierung von Verum-Fokus anscheinend nicht nur auf dem finiten Verb vorgenommen werden, sondern auch, indem man den Akzent – natürlich nur in Nebensätzen – auf eine Subjunktion setzt. Das funktioniert aber bei weitem nicht bei allen Subjunktionen, sondern vor allem bei inhaltsarmen wie *dass* oder *ob*. Interessant ist es trotzdem, insbesondere auch deshalb, weil finites Verb und Subjunktion stets in der Satzklammer stehen. Das deutet darauf hin, dass die Satzklammer in irgendeiner Weise mit einer Verum-Komponente assoziiert ist.

4.4 Bekanntes und Unbekanntes im Fokus

In Abschnitt 3.3 hatten wir gesehen, dass sowohl Topik als auch Kommentar Bekanntes wie auch Unbekanntes enthalten können. Ähnliches lässt sich auch in Fokus und Hintergrund zeigen. Das ist insbesondere auch deshalb interessant, weil die Tatsache, dass im Allgemeinen sowohl Fokus als auch Unbekanntes akzentuiert werden, den Eindruck vermitteln könnte, Fokus würde stets etwas Neues einführen. (13) zeigt, dass sowohl etwas Unbekanntes (13a) als auch etwas Bekanntes (13b) fokussiert sein kann.

(13) a. *Unbekanntes im Fokus:*
Was hat Wolfgang gelesen? –
[HINTERGRUND Wolfgang hat] [UNBEK./FOKUS einen englischen Familienroman] [HINTERGRUND gelesen.]
b. *Bekanntes im Fokus:*
(Charlottes Foto ist schön. –)
Nein, [BEK./FOKUS CharLOTte] [HINTERGRUND ist schön.]

Entgegen der durch die Akzentverhältnisse nahegelegten scheinbaren Ähnlichkeit von Unbekannt und Fokus lassen sich die beiden informationsstrukturellen Dimensionen also frei kombinieren.

4.5 Sätze mit mehreren Foki

In den bisher behandelten Sätzen haben wir es jeweils mit einer einzelnen Fokus-Einheit zu tun gehabt. In einem Satz können aber auch mehrere Foki vorhanden sein. (14) zeigt ein sehr einfaches Beispiel, in dem der Frage-Kontext mit den beiden W-Wörtern in der Antwort zwei Foki vorgibt.

(14) Wer hat wen beim Schachspielen geschlagen? -
[FOKUS1 MAX] [HINTERGRUND hat] [FOKUS2 MOritz] [HINTERGRUND beim Schachspielen geschlagen.]

Dies lässt sich im Prinzip mit Kombinationen aller möglichen W-Wörter nachspielen, und im Prinzip sind natürlich auch noch weit mehr als zwei Foki innerhalb desselben Satzes möglich.

(15) Wer hat wann, wo und warum wen beim Schachspielen geschlagen? -
[FOKUS1 MAX] [HINTERGRUND hat] [FOKUS2 MOritz] [FOKUS3 am letzten SONNtag] [FOKUS4 im SCHREbergarten] [FOKUS5 wegen der geklauten KIRschen] [HINTERGRUND beim Schachspielen geschlagen.]

Die Akzentverhältnisse sind in solchen Fällen allerdings verwickelter, als die einfache Untergliederung von Fokus- und Hintergrundelementen vorgibt; sicher gibt es in einer natürlichen Äußerung des Satzes variierende Realisierungen bei den vier Fokusakzenten.

4.6 Fokus und Wortstellung im Mittelfeld

Wir hatten in Abschnitt 2.8 behandelt, dass es im Mittelfeld des deutschen Satzes eine deutliche Präferenz dafür gibt, Bekanntes vor Unbekanntes zu stellen. In Abschnitt 3.9 wurde gezeigt, dass Topiks im Mittelfeld eine starke Präferenz dafür haben, an seinem linken Rand aufzutreten. So ist es wenig überraschend, dass es auch entsprechende Beobachtungen für Fokusausdrücke im Mittelfeld gibt: Sie neigen im Mittelfeld dazu, rechts von Hintergrund-Ausdrücken zu stehen. Dies wurde ausführlich in Lenerz (1977) illustriert.

Die Grundidee dabei ist ähnlich dem Vorgehen, das wir schon in Abschnitt 2.8 gezeigt hatten. Wir steuern in (16) und (17) mittels W-Fragen, was in der Antwort Fokus sein soll und markieren den Fokus in den Antwortsätzen entsprechend durch einen Fokusakzent. In beiden Fällen ist die Variante akzeptabler, in der die erfragte Nominalphrase im Mittelfeld auf der rechten Seite steht. In (16a) ist das das Dativobjekt, in (17b) das Akkusativobjekt.

(16) Wem oder was hat der Senat finanzielle Kürzungen vorgezogen?
a. Der Senat hat finanzielle Kürzungen diszipliniertem WIRTschaften vorgezogen.
b. ?Der Senat hat diszipliniertem WIRTschaften finanzielle Kürzungen vorgezogen.

(17) Wen oder was hat der Senat diszipliniertem Wirtschaften vorgezogen?
   a. ?Der Senat hat finanzielle KÜRzungen diszipliniertem Wirtschaften vorgezogen.
   b. Der Senat hat diszipliniertem Wirtschaften finanzielle KÜRzungen vorgezogen.

Dasselbe Phänomen lässt sich auch bei entsprechenden Konstellationen mit anderen Satzgliedern zeigen, beispielsweise bei Kombinationen von Temporal- und Lokaladverbialen. Dies wird in (18) und (19) vorgeführt.

(18) Wo hat Gela am letzten Sonntag neue Pflanzen gesetzt?
   a. Gela hat am letzten Sonntag in ihrem GARten neue Pflanzen gesetzt.
   b. ?Gela hat in ihrem GARten am letzten Sonntag neue Pflanzen gesetzt.

(19) Wann hat Gela in ihrem Garten neue Pflanzen gesetzt?
   a. ?Gela hat am letzten SONNtag in ihrem Garten neue Pflanzen gesetzt.
   b. Gela hat in ihrem Garten am letzten SONNtag neue Pflanzen gesetzt.

Wir sehen, dass hier in jedem Fall die Abfolge präferiert wird, in der der Fokus dem Hintergrund folgt. Natürlich kann man das auch noch an weiteren Satzgliedern zeigen. Allerdings muss man dabei beachten, dass es einige grammatisch bedingte Abfolgeregularitäten gibt, die so stark sind, dass man sie kaum durch unterschiedliche Fokussierungen außer Kraft setzen kann. Beispielsweise haben Direktionaladverbiale (20), Modaladverbiale (21) und Resultative (22) eine sehr hohe Affinität zum Verb; deshalb sind sie kaum oder gar nicht – die Intuitionen schwanken hier etwas – von ihrer Grundposition wegzubekommen, die sich in der Nähe der Grundposition des Verbs befindet, also nahe der rechten Satzklammer.

(20) Wann seid ihr nach Dänemark gefahren?
   a. Wir sind in den SOMmerferien *nach Dänemark* gefahren.
   b. ?Wir sind *nach Dänemark* in den SOMmerferien gefahren.

(21) Wo singt Wolfgang laut?
   a. Wolfgang singt unter der DUsche *laut*.
   b. ?Wolfgang singt *laut* unter der DUsche.

(22) Wo hat Kim die Wände hell getüncht?
   a. Kim hat die Wände bei CHRIStof *hell* getüncht.
   b. *Kim hat die Wände *hell* bei CHRIStof getüncht.

Dies deutet an, dass die informationsstrukturell bedingten Stellungsregularitäten mit anderen Faktoren interagieren. Kapitel 7 wird sich damit etwas ausführlicher befassen.

4.7 Die Vielseitigkeit prosodischer Mittel im Deutschen

Unter Prosodie versteht man die lautlichen Erscheinungen von Sprachen, die über einzelne Laute hinausgehen. Das sind eine Menge unterschiedlicher Phänomene – dazu gehören neben Silbenstruktur, Metrum, Sprechtempo, Sprechpausen und Lautstärke zum Beispiel auch Tonhöhenverlauf, Akzent oder die Bildung größerer phonologischer Einheiten. Wie wir in diesem und den vorigen Kapiteln gesehen haben, werden einige dieser Mittel dazu verwendet, die Informationsstruktur von Äußerungen zu markieren.

Wir beginnen diesen Abschnitt anstatt mit theoretischen Betrachtungen mit einem Spiel zur Prosodie. Dafür brauchen Sie mindestens einen Mitspieler. Es funktioniert übrigens auch mit Mitspielern, die keinerlei Ahnung von Linguistik haben; das heißt wenn Sie mögen, können Sie damit zum Beispiel auch ein ödes Familienfest auflockern.

Aufgabe 8: Einer von Ihnen stellt sich mit dem Rücken zum Publikum auf. Das ist wichtig, damit man seinen Gesichtsausdruck nicht beobachten kann. Seine Aufgabe besteht darin, die folgenden Ausdrücke in beliebiger Reihenfolge so auszusprechen, dass die in Klammern geschriebenen Gefühle ausgedrückt werden. Lassen Sie das Publikum jeweils unmittelbar danach raten, was ausgedrückt werden sollte.

a.) *Danke* (tiefe Dankbarkeit, weil Ihnen bei einer wichtigen Angelegenheit toll geholfen wurde; Pflicht-Dankbarkeit jemandem gegenüber, den Sie nicht ausstehen können; bittere Ironie, weil jemand aus Ihrer Arbeitsgruppe seinen Kaffee über Ihre schön ausgedruckte Hausarbeit gekippt hat, Sie kein Papier mehr haben und die Arbeit am nächsten Morgen abgegeben werden muss)

b.) *Hallo* (Gleichgültigkeit; Beleidigt-Sein; Freude über die unverhoffte Begegnung mit Ihrem Lieblingsflirtpartner)

c.) *Ja* (Genervtheit, weil Sie in der Vorlesung zum vierten Mal von links angequatscht werden, obwohl Sie wirklich gerne zuhören würden; höfliche Verbindlichkeit, wenn Sie auf der Straße von einem vermutlich Wegsuchenden angesprochen wurden; Bestätigung einer Einsicht Ihres Gesprächspartners, von der Sie ihn seit einer Stunde zu überzeugen versucht haben)

d.) *Dieser Typ* (angewiderter Zorn; Anhimmeln; resignierte Genervtheit)

e.) *Na schön* (bewunderndes Lob für das tolle neue Kleid einer Freundin; verärgerte Kampfansage; entschiedenes Inangriffnehmen eines Bergs von Arbeit, der vor Ihrer Arbeitsgruppe liegt)

Wenn Sie Lust dazu haben: Diskutieren Sie mit Ihren Mitspielern, welche sprachlichen Ausdrucksmittel jeweils verwendet wurden.

Möglicherweise sind Sie nach der Aufgabe 8 verwirrt. Denn mit der Prosodie ist es offenbar ähnlich wie mit der Wortstellung: Prosodische Mittel markieren schon innerhalb der Informationsstruktur zum Teil sehr Unterschiedliches: Fallende Akzente beispielsweise signalisieren einerseits Fokus und damit Alternativen, andererseits anscheinend aber auch Unbekanntes, während Deakzentuierung für Bekanntes eingesetzt wird. Topiks, aber auch Restriktionen und Rahmenadverbiale können besonders betont werden. In Sätzen mit kontrastiven Topiks tauchen gleich zwei markante Akzente auf. Und zudem können, wie Aufgabe 8 zeigen sollte, Akzente und umfassendere Tonhöhenverläufe offenbar auch dabei eine Rolle spielen, Wut, Ekel, Bewunderung und vieles andere auszudrücken. Wer soll da noch durchblicken?

Natürlich kann dieser Abschnitt nicht einen Überblick über alle prosodischen Erscheinungen des Deutschen liefern. Er soll Ihnen aber zumindest dazu verhelfen, in Bezug auf die Verwendung prosodischer Mittel für die informationsstrukturelle Gliederung von Sätzen etwas klarer zu sehen. Dazu machen wir uns klar, dass Prosodie alles Mögliche kann und nicht nur für die Kodierung von Informationsstruktur zuständig ist. Prosodie hat zum Beispiel auch die folgenden Einsatzgebiete:

Emotionen können damit sehr erfolgreich ausgedrückt werden, wie mit Aufgabe 8 illustriert wurde. Dabei helfen unter anderem die generelle Tonhöhe, der Tonhöhenverlauf, also die Intonation, und das Sprechtempo. Vermutlich ist Ihr *Hallo* bei der Flirtpartner-Begegnung von relativ hoher Tonhöhe gewesen, ging am Ende möglicherweise in der Tonhöhe noch etwas nach oben und wurde gedehnter artikuliert als das Beleidigt-Sein-*Hallo*. Fragen Sie mich nicht, warum das so ist – aber offenbar funktioniert es!

Ein weiterer semantischer Einsatzbereich besteht darin, dass der **Satzmodus** mittels Intonation ausgedrückt werden kann. In dem Aussagesatz (23a) ist die Intonation am Ende fallend, in dem Fragesatz (23b) steigend.

(23) a. Max hat geniest.
b. Max hat geniest?

Prosodische Mittel können auch dabei helfen, Ambiguitäten oder Mehrdeutigkeiten zu **desambiguieren**, d.h. eine Lesart herauszustellen. Hier geht es um **strukturelle Ambiguitäten**, das heißt, der gegebenen Wortkette können mehrere Strukturen zugeordnet werden. So gibt (24a) unter rein syntaktischen Gesichtspunkten die Möglichkeit her, dass *Arnim* das Subjekt des Satzes ist. Weiß man jedoch, dass es sich dabei um einen gestandenen Mann handelt und um ein Insekt, dann wird diese Lesart aufgrund des Weltwissens ausgeschieden und man kommt zu dem Ergebnis, dass *eine Biene* Subjekt ist, *Arnim* hingegen Akkusativobjekt. Diese intendierte Lesart kann durch steigende Intonation auf *Arnim* und *Biene* unterstützt werden. Bei (24b) konkurriert die intendierte Lesart mit der, wonach kein einziger Student zu der Klausur gekommen ist. Die intendierte Lesart wird hier durch einen steigenden Akzent auf *alle* und einen fallenden auf *nicht* markiert.

(24) a. Arnim hat eine Biene gestochen! (Paraphrase der intendierten Lesart: Die Biene hat gestochen, Arnim ist verletzt.)
b. Alle Studenten sind nicht zu der Klausur gekommen. (Paraphrase der intendierten Lesart: Ein paar Studenten haben bei der Klausur gefehlt.)

Manche Wörter des Deutschen sind fast gleichlautend, also homophon, außer dass sie unterschiedlich akzentuiert werden. In diesem Fall hilft ein prosodisches Mittel also dazu, **die Wörter zu unterscheiden**. Dazu wird der Wortakzent in (25a) auf *um-* gelegt, in (25b) auf *fah-*. Damit wird im ersten Fall ausgedrückt, dass Hanna die Ampel kaputt machen musste, während sie nach (25b) einen Bogen um die Ampel fahren musste.

(25) a. Hanna musste die Ampel UMfahren.
b. Hanna musste die Ampel umFAHren.

Im Prinzip hat natürlich jedes Wort einen Wortakzent, nicht nur Wörter, die sonst völlig homophon wären.

Prosodisch geschieht also in jeder gesprochenen Äußerung auf verschiedenen Ebenen eine ganze Menge. Irgendwo mischen sich dabei die informationsstrukturgeschuldeten Anteile der Prosodie ein. Insbesondere die Vorstellung vom Wortakzent mag dabei geradezu beängstigend wirken. Denn wenn jedes Wort einen Akzent trägt, wie findet man dann eigentlich die fokussierten Bestandteile einer Äußerung heraus?

Das ist nicht so schwierig, wie es jetzt erscheinen mag. Gewöhnlich fällt es uns gar nicht auf, aber tatsächlich werden in natürlich gesprochenen Sätzen die meisten Wortakzente gar nicht markant realisiert. Es ist sogar so, dass fast alle Wortakzente reduziert sind, außer die, die einen fokussierten Ausdruck markieren. Denken wir einmal zurück zu dem Satz (26).

(26) Der hungrige Hai hat vor dem Wrack drei HEringe verspeist.

Zwar gibt es hier in einer natürlichen Äußerung mehrere schwächere Akzente, doch tritt nur ein einziger Wortakzent wirklich deutlich hervor – der auf *Heringe*.

Zusammenfassung: Fokus hat die Eigenschaft, bei der Interpretation eines Satzes besonders herausgehobene Alternativen zu einem Ausdruck darin nahezulegen; dies kann beispielsweise Kontrast, aber auch viele andere Effekte hervorrufen. Der Rest des Satzes wird als Hintergrund bezeichnet. Fokus schlägt sich im Deutschen gewöhnlich in einem meist fallenden Akzent auf einer Silbe nieder, deren Fokus-Einflussbereich durch Fokusprojektion allerdings – bis hin zum ganzen Satz – erheblich darüber hinaus reichen kann. Fokus-Ausdrücke lassen sich meist sehr gut durch geeignete W-Fragen identifizieren. Obwohl die anderen Dimensionen die Realisierung eines Fokusakzents beeinflussen können, ist Fokus grundsätzlich unabhängig von den Dimensionen Bekanntheit/Unbekanntheit und Topik/Kommentar. Im Mittelfeld tendieren Fokus-Ausdrücke dazu, nach Ausdrücken des Hintergrunds aufzutreten.

Grundbegriffe: Fokus, Hintergrund, Alternativen, Kontrast, Korrektur, Fokuspartikel, Assoziation mit Fokus, skalare Alternativen, Fokusexponent, Fokusprojektion, Fokusvererbung, Verum-Fokus, Polaritätsfokus, Prosodie, Intonation.

Weiterführende Literatur: Jackendoff (1972) und Rooth (1985) sind bahnbrechend für die moderne Diskussion von Fokusphänomenen. Fokusprojektion wird zum Beispiel in Selkirk (1984) und Büring (2006) diskutiert. Der Klassiker zu Verum-Fokus ist Höhle (1992). Altmann (2007) ist ein guter Überblicksartikel über Fokus- bzw. Gradpartikeln.

5. Irrungen, Wirrungen: Terminologie und Empirie

In den ersten vier Kapiteln dieses Buches haben Sie vier einschlägige informationsstrukturelle Dimensionen kennengelernt: Bekanntheit und Unbekanntheit, Topik und Kommentar, Fokus und Hintergrund und schließlich Situations- und Rahmenbeschränkungen. Die damit verbundenen Eigenschaften werden in unterschiedlicher Weise sprachlich kodiert. Für Bekanntheit wurden lexikalische Mittel wie Artikel- und Pronomenwahl, die Wortstellung, aber auch prosodische Mittel genannt: Bekanntes wird generell deakzentuiert, Unbekanntes akzentuiert. Im Zusammenhang mit Topikalität haben Sie syntaktische Mittel kennengelernt. Fokus schließlich wurde, ebenso wie Bekanntheit, mit prosodischen Mitteln verbunden: Der Fokus eines Satzes trägt einen Akzent.

Das ist einigermaßen verwirrend, unter anderem deshalb, weil dieselben sprachlichen Mittel verschiedene informationsstrukturelle Eigenschaften kodieren können: Generell an die linke Seite des Satzes orientieren sich in der Wortstellung sowohl Bekanntes als auch Topiks, und Akzent kann sowohl Neues als auch Fokus signalisieren. Leider verwendet das Deutsche diese sprachlichen Mittel in so verwirrender Weise.

Wenn Sie aber beginnen, die Fachliteratur zur Informationsstruktur zu lesen, müssen Sie sich noch mit einem ganz anderen Problem herumschlagen: Die Terminologie, die sich in diesem Feld herausgebildet hat, kann bestenfalls als chaotisch bezeichnet werden – und das ist eigentlich noch eine Beschönigung. Ich will hier kurz skizzieren, wie es dazu kam (Dies ist auch in Musan (2002) dargestellt.).

In der zweiten Hälfte des 19. Jahrhunderts begannen einige Sprachwissenschaftler, sich mit Phänomenen wie Wortstellung und Akzent zu befassen. Henri Weil (1844) kam zu dem Schluss, dass Bekanntes (‚le connu') tendenziell vor Unbekanntem (‚l'inconnu') steht. Nur wenige Jahre später führte Georg von der Gabelentz (1868) die Begriffe „psychologisches Subjekt" und „psychologisches Prädikat" ein. Damit bezog er sich, wie schon kurz in Abschnitt 3.1 ausgeführt wurde, ungefähr auf unser Topik und unseren Kommentar. Er brachte die Unterscheidung mit der Wortstellung in Zusammenhang. Hermann Paul (1880: §87-§88, 1919: Bd. III: §54) nahm die Begriffe auf und sah sie im Zusammenhang mit prosodischen wie auch syntaktischen Kodierungsmitteln, genauer gesagt mit ‚Tonstärke' und Wortstellung. Er assoziierte sie dabei auch mit unseren Vorstellungen von Bekannt und Unbekannt (1919: Bd. III:

§54). Mit anderen Worten: Er verwendete die Begriffe von Georg von der Gabelentz, verband sie jedoch mit einer anderen informationsstrukturellen Dimension. Etwas später führte Hermann Ammann (1928) die neuen Begriffe „Thema" und „Rhema" ein, die sich wiederum auf das bezogen, was wir als Topik und Kommentar bezeichnen.

Was sich hier abzeichnet – die Betrachtung verschiedener sprachlicher Phänomene, die Verwendung unterschiedlicher Begriffspaare, unterschiedliche Definitionen für ein und denselben Begriff – hat sich seitdem in der Forschung weiter entwickelt, und weiter verwickelt: Es wurden mehr informationsstrukturelle Dimensionen entdeckt und untersucht; es wurden noch mehr Begriffspaare in die Diskussion eingeführt; und diese wurden munter mal so und mal anders miteinander gepaart und einmal so und einmal anders definiert.

Das soll jedoch keineswegs heißen, dass die einzelnen Autoren die Begriffe unklar oder vage verwendet hätten – sie haben sie oft nur eben anders definiert als andere Autoren. Das lag oft einfach daran, dass ihnen in ihren Schriften bestimmte Aspekte der Informationsstruktur wichtiger waren als andere. Nur hat sich dadurch in der Gesamtheit der einschlägigen Forschungsliteratur eine Vielfalt an Terminologien herausgebildet, mit der umzugehen nicht immer einfach ist. Die Skizze des Chaos im Folgenden ist keineswegs vollständig.

In der Literatur tummeln sich mittlerweile (unter anderem) fünf besonders wichtige Begriffe, die wechselnd für unsere Kategorien von Bekanntem, Topik und Hintergrund verwendet wurden: „psychologisches Subjekt", „Thema", „Topik", „Hintergrund" und „Präsupposition". Ebenso gibt es fünf zentrale Begriffe, die wechselnd für unsere Kategorien von Unbekanntem, Kommentar und Fokus verwendet wurden: „psychologisches Prädikat", „Rhema", „Kommentar", „Fokus" und „Assertion".

Diese Begriffe wurden zu diversen Begriffspaaren zusammengesetzt. Abgesehen von „Bekannt/Unbekannt", „Topik/Kommentar" und „Fokus/Hintergrund" findet man daher neben dem oben kurz beschriebenen „psychologisches Subjekt/psychologisches Prädikat" zum Beispiel auch die Begriffspaare „Thema/Rhema", „Topik/Fokus", „Thema/Fokus", „Fokus/Präsupposition" oder „Präsupposition/Assertion".

Hier ist schließlich eine Auswahl aus den definitorischen Verbindungen zwischen informationsstrukturellen Kategorien und den Begriffen: Als bekannt, alt oder kontextuell gebunden wurden sowohl Thema als auch Topik, Hintergrund und Präsupposition definiert. Das, worüber etwas gesagt wird, wurde als psychologisches Subjekt, Thema oder Topik bezeichnet. Darüber hinaus wurden beispielsweise für die Definition von Topiks ein Merkmal der ‚Identifizierbarkeit' vorgeschlagen oder das Merkmal, das Element zu sein, in Bezug auf das die folgende Prädikation relevant ist; Thema wiederum wurde auch charakterisiert durch einen ‚niedrigen Grad an kommunikativer Dynamik' und hohe Vorhersagbarkeit. Als neu, unbekannt oder kontextuell ungebunden wurden Rhema, Kommentar, Fokus und Assertion beschrieben, und Fokus beispielsweise wurde darüber hinaus auch charakterisiert, als das, was über ein Topik oder Thema ausgesagt wird, aber auch als besonders relevante Information.

Diese Anmerkungen sollte Ihnen nur einen kleinen Einblick in die konfusen terminologischen Varianten der Fachliteratur verleihen; etwas genauer und mit Bezügen zu konkreten Autoren kann dies in Musan (2002) nachgelesen werden.

Die Informationsstrukturtheorie stellt sich in der Fachliteratur also einigermaßen komplex dar. Ein Teil dieser Komplexität ist empirisch begründet: Wenn es nun einmal so ist, dass beispielsweise prosodische Mittel sowohl (Un)Bekanntheit als auch Fokus signalisieren, dann müssen wir uns damit abfinden; es ist dann eben so, und die Beschreibung der natürlichen Sprache wird das berücksichtigen müssen.

Ein anderer Teil der Komplexität ist jedoch von der *scientific community* in gewisser Weise selbst verschuldet; das terminologische Chaos hat sich zwar im Laufe der Zeit ganz natürlich herausgebildet, wäre aber wahrhaftig nicht nötig! Die Folge davon ist, dass man, sobald man die Fachliteratur aufschlägt, höllisch aufpassen muss: Man muss sich auf jeden Fall darüber versichern, wie der Autor, mit dem man sich gerade befasst, seine Begriffe definiert.

Wir werden uns noch mit einer weiteren Ebene der Komplexität befassen müssen. Sie ist empirisch begründet; wir kommen also nicht darum herum, wenn wir Informationsstruktur verstehen wollen. Es geht dabei darum, dass informationsstrukturelle Phänomene in der realen Welt nicht immer so fein isoliert voneinander auftreten, wie wir es in den bisherigen Kapiteln – aus didaktischen Gründen – gehandhabt haben. Damit befasst sich das nächste Kapitel.

Zusammenfassung: Informationsstruktur ist nicht nur ein komplexes Thema, sondern die Fachliteratur dazu weist zusätzlich eine beachtliche terminologische Vielfältigkeit auf.

Grundbegriffe: Empirie, Terminologie, psychologisches Subjekt, psychologisches Prädikat, Thema, Rhema, Präsupposition, Assertion.

Weiterführende Literatur: Musan (2002) bemüht sich darum, die Terminologien der Fachliteratur etwas zu entwirren. Krifka und Musan (im Erscheinen) kann zum weiteren Einstieg in die empirischen Schwierigkeiten in die Informationsstrukturtheorie gelesen werden. Der Sammelband von Molnár und Winkler (2006) verleiht detailliertere aktuelle Einblicke in die Theoriebildung.

6. Komplexe Informationsstrukturen: Kontrastive Topiks

Die Strukturierungen auf den verschiedenen Ebenen von Bekanntheit und Unbekanntheit, Topik und Kommentar sowie Fokus und Hintergrund treten nicht isoliert voneinander auf. Tatsächlich ist es im Allgemeinen so, dass alle drei zusammen in ein und demselben Satz eine Rolle spielen. Dadurch überlagern sich die Strukturierungen und interagieren miteinander. Dabei stellen sich einige interessante Fragen: Was geschieht zum Beispiel, wenn wir einen Fokus-Ausdruck haben, der einerseits als Fokus akzentuiert sein sollte, der aber andererseits etwas Bekanntes bezeichnet und deswegen zugleich nicht akzentuiert sein sollte? Oder wie gehen wir damit um, wenn etwas, über das wir reden, also ein Topik, zugleich etwas ist, zu dem wir Alternativen in den Vordergrund rücken wollen? Informationsstrukturelle Phänomene und Begrifflichkeiten können ein interessantes Zusammenspiel haben. Dass sowohl Topik und Kommentar als auch Fokus und Hintergrund frei mit Bekanntem und Unbekanntem kombiniert werden können, hatten wir bereits in den Abschnitten 3.3 und 4.4 angesprochen; dass dabei Bekanntes im Fokus die typische Fokusakzentuierung blockieren kann, wurde in 4.4 gezeigt. Wir wollen in diesem Abschnitt eine bestimmte weitere Interaktion zwischen den informationsstrukturellen Ebenen näher betrachten.

In der Fachliteratur ist oft darauf hingewiesen worden, dass Sätze mit so genannten kontrastiven Topiks eine besondere Intonationskontur aufweisen. Dabei treten ein steigender Akzent und ein fallender Akzent in dieser Reihenfolge auf; zwischen den beiden Akzenten besteht so etwas wie ein relativ hohes Plateau.

      /‾‾‾‾‾‾‾‾\
(1) KIM hat MUFfins mitgebracht.

Weil das Grundschema der entstehenden Intonationskurve einer Hutform _/‾_ relativ ähnlich sieht, hat sich dafür der Begriff „**Hutkontur**“ eingebürgert, eine andere häufige Bezeichnung ist „**Brückenkontur**“. Diese Konstruktion passt in Kontexte wie den folgenden.

(2) Was haben deine Gäste mitgebracht? – KIM hat MUFfins mitgebracht, SOLvejg hat TiramiSU und BAIleys mitgebracht, ROLF hat MineRALwasser mitgebracht, NAthalie hat ein SPIEL mitgebracht …

Hier wird durch die Fragestellung festgelegt, dass die Gäste das Topik der Antwort bilden. Die Antwort allerdings greift sich die einzelnen Gäste der Reihe nach heraus und stellt sie somit als Alternativen zueinander dar. Wenn man nun die Definition, der zufolge Fokus die Anwesenheit von Alternativen anzeigt, ernst nimmt, dann ist das Topik einer jeden Teilantwort zugleich auch Fokus. Das ist ein wenig verwirrend, weil Topik und Fokus oft als Gegensatz gesehen werden; aber es ist nur konsequent: Man hat ein ‚alternativenanzeigendes Element’ als Topik, und ein ‚alternativenanzeigendes’ Element als Kommentar, hier das durch das W-Wort *was* Erfragte. Beide tragen dementsprechend einen Fokusakzent, der im ersten Fall als steigender Akzent und im zweiten Fall als fallender Akzent realisiert wird. Die Konstruktion ist also tatsächlich gebildet wie folgt.

/ \

(3) [TOPIK [FOKUS KIM]] [KOMM. hat [FOKUS MUFfins] mitgebracht].

Kontrastive Topiks bestehen also aus einer Kombination von Topik und Fokus. Ein Topik – in unserem Beispiel von oben jeweils der Name eines Gastes – enthält zugleich einen Fokus, der das Topik als Alternative zu anderen Topiks, d.h. hier als Alternative zu anderen Gästen, präsentiert.

Aufgabe 1: In dem folgenden Beispielsatz verändert sich die Lesart, je nachdem welche Akzent-Variante gewählt wird. Paraphrasieren Sie die Sätze jeweils und erklären Sie, wie die jeweilige Lesarten zustande kommt. (Das Beispiel stammt aus Büring (2005: 18).)

(Der Reaktor hat mehrere Sicherheitsventile, die sich bei Überhitzung ausschalten.)

\

a.) *Das ist kein ProBLEM.*

/ \

b.) *DAS ist KEIN Problem.*

Zusammenfassung: Die informationsstrukturellen Einheiten von ‚bekannten' und ‚unbekannten Ausdrücken', von Topik und Kommentar und von Fokus und Hintergrund können sich gegenseitig überschneiden, so dass es zu Kombinationen davon kommen kann. Kontrastive Topiks sind ein Beispiel dafür, dass ein Topikausdruck einen Fokus enthält; das führt dazu, dass das Topik als Alternative zu anderen potentiellen Topiks erscheint.

Grundbegriffe: Kontrastives Topik, Hutkontur, Brückenkontur.

Weiterführende Literatur: Hutkonturen wurden wohl erstmals in Cohen und 't Hart (1967) erwähnt, dort für das Niederländische. Kontrastive Topiks werden in Büring (1997) diskutiert.

7. Wortstellung

7.1 Das Problem

In den vorigen Kapiteln sollte deutlich geworden sein, dass man sich in der Informationsstrukturtheorie einerseits mit bestimmten informationsstrukturell einschlägigen Eigenschaften befasst (wie Bekanntheit, Topik oder Fokus) und dass man andererseits untersucht, durch welche sprachlichen Mittel (wie die Wahl von Artikelwörtern, syntaktische Strukturen oder Akzentsetzungen) diese Eigenschaften signalisiert werden. Ein besonders wichtiges und deswegen immer wieder diskutiertes Mittel ist dabei die Wortstellung; sie wurde auch schon eifrig thematisiert, als im 19. Jahrhundert die ersten Sprachwissenschaftler damit begannen, sich mit Informationsstruktur zu befassen – damals wurde sie schon sowohl mit Bekanntheit als auch mit Topikalität in Beziehung gesetzt (siehe Kapitel 5).

Im Deutschen spielen dabei insbesondere die Vorfeld-Position und die Abfolge im Mittelfeld eine Rolle. Darüber hatten wir schon an verschiedenen Stellen in diesem Buch gesprochen: In Abschnitt 2.8 wurde gezeigt, dass im deutschen Mittelfeld Bekanntes dazu tendiert, vor Unbekanntem zu stehen; dies wurde für Pronomen, definite Nominalphrasen und nicht-akzentuierte Nominalphrasen illustriert. In Abschnitt 3.1 zeigte sich, dass Topiks eine Neigung haben, im Vorfeld zu stehen; dies wurde in 3.8 vertieft. Abschnitt 3.9 schließlich zeigte, dass Topiks auch mit Vorliebe am linken

Rand des Mittelfeldes, links vor Satzadverbialen, stehen. Abschnitt 4.6 wiederum zeigte, dass fokussierte Ausdrücke im Mittelfeld dazu neigen, rechts von Hintergrund-Ausdrücken zu stehen.

Wir haben also gesehen: Wortstellung kann verschiedene informationsstrukturelle Eigenschaften signalisieren; eine Positionierung im Vorfeld deutet auf Topikalität hin; eine Positionierung zu Beginn des Mittelfeldes kann einerseits Bekanntheit signalisieren, andererseits aber auch Topikalität.

Kompliziert wird die Sache mit der Wortstellung nun deshalb, weil Wortstellung nicht nur durch die verschiedenen informationsstrukturellen Faktoren beeinflusst wird, sondern auch durch einige andere: Im Vorfeld können sehr gut auch Nicht-Topiks stehen. Und im Mittelfeld spielen neben informationsstrukturellen auch grammatische Faktoren und Belebtheit eine Rolle (siehe auch die Andeutung in der Diskussion von Beispiel (30) in 2.8). Das bedeutet also, dass man von einer bestimmten Positionierung eines Ausdrucks nicht unbedingt auf seinen informationsstrukturellen Status schließen kann. Deshalb ist es wichtig, einen gewissen Überblick darüber zu haben, welche Faktoren über informationsstrukturelle hinaus eine Rolle bei der Wortstellung spielen.

Wir wollen uns im nächsten Abschnitt zunächst dem Vorfeld widmen, dann dem Mittelfeld.

7.2 Faktoren für die Besetzung des Vorfelds

Wie gesagt, haben Topiks eine universelle Tendenz, am Satzanfang aufzutreten; dies kann im Deutschen unter anderem dadurch umgesetzt werden, dass ein Topik in das Vorfeld des Satzes gestellt wird. Bezogen auf einige der oben verwendeten Beispiele sieht das in einer Stellungsfelderanalyse so aus:

(1) Topiks im Vorfeld

Vorfeld	LSK	Mittelfeld	RSK	Nachfeld
Ulrikes neuer Sommerhut	*ähnelt*	*dem Blumentopf auf dem Tisch*		
Dem Blumentopf auf dem Tisch	*ähnelt*	*Ulrikes neuer Sommerhut*		
Rindfleisch	*kann*	*ich meinen Gästen mit gutem Gewissen*	*empfehlen*	
Im Anfang	*war*	*das Wort*		
Der Käse	*wurde*	*dem Raben*	*versprochen*	

Jedoch können auch nicht-topikalische Ausdrücke ohne Weiteres im Vorfeld stehen. Das lässt sich gut zeigen, wenn wir uns den Fragetest zu Nutze machen. In (2) wird *dem Blumentopf auf dem Tisch* erfragt, ist also im Antwortsatz Fokus. Der Fokusausdruck, der aufgrund des Fragekontexts hier offenkundig nicht Topik ist (denn das ist hier wegen der Frage *Was weißt du über Ulrikes neuen Sommerhut?* der Ausdruck *Ulrikes neuer Sommerhut*), kann hier wunderbar im Vorfeld stehen.

(2) Was weißt du über Ulrikes neuen Sommerhut? Wem oder was ähnelt er? – Dem Blumentopf auf dem Tisch ähnelt er.

Es wäre also falsch zu sagen, dass der deutsche Satz mit dem Vorfeld eine spezielle Topikposition aufweist. Eine andere Möglichkeit besteht darin, im Vorfeld Adverbiale, insbesondere Rahmenadverbiale, unterzubringen. Dies zeigen die Sätze in (3).

(3) a. Im Herbst fallen die Blätter von den Bäumen und die Störche fliegen in den Süden.
b. Auf dem Mond soll es schwarzbunte Kälber und viel Käse geben.

Auch Anschlusselemente an den vorangehenden Satz sind ganz besonders gut dazu geeignet, das Vorfeld zu besetzen. Das zeigen die jeweils zweiten Sätze in (4).

(4) a. Im Herbst fliegen Störche in den Süden. *Dort* ist es warm.
b. Auf dem Mond soll es schwarzbunte Kälber geben. *Ihnen* ist allerdings langweilig, weil dort nichts los ist.

Eine wiederum andere Art der Besetzung stellen Konjunktionaladverbien dar, die den inhaltlichen Zusammenhang zu dem vorangehenden Satz explizit machen.

(5) a. Im Süden ist es schön warm. *Trotzdem* kehren die Störche im Frühling zurück.
b. Die Mondkälber langweilen sich. *Deswegen* träumen sie ständig von einem Astronautenbesuch.

Natürlich soll das nicht heißen, dass diese Arten von Ausdrücken nur im Vorfeld auftreten können und sonst nirgends. Sie alle haben selbstverständlich auch die Möglichkeit, im Mittelfeld des Satzes aufzutreten. Das wird in (6) gezeigt.

(6) a. Was weißt du über Ulrikes neuen Sommerhut? Wem oder was ähnelt er? – Er ähnelt *dem Blumentopf auf dem Tisch*.
b. Die Blätter fallen *im Herbst* von den Bäumen und die Störche fliegen in den Süden.
c. Es soll *auf dem Mond* schwarzbunte Kälber und viel Käse geben.
d. Im Herbst fliegen Störche in den Süden. Es ist *dort* warm.
e. Auf dem Mond soll es schwarzbunte Kälber geben. Allerdings ist *ihnen* langweilig, weil dort nichts los ist.

f. Im Süden ist es schön warm. Die Störche kehren im Frühling *trotzdem* zurück.
g. Die Mondkälber langweilen sich. Sie träumen *deswegen* ständig von einem Astronautenbesuch.

Die Besetzung des Vorfelds im deutschen Satz kann also sehr flexibel gehandhabt werden und dort können viele Arten von Ausdrücken stehen, nicht nur Topiks.

Zwar liest man in einfacheren Grammatiken oder auch in Schulbüchern manchmal, dass im Vorfeld genau ein Satzglied steht. Das schöpft aber keineswegs die Möglichkeiten für Vorfeldbesetzungen aus. In der Forschung macht man hier einen Unterschied zwischen Satzglied und Konstituente: Ein Satzglied ist immer eine Konstituente, aber eine Konstituente kann auch Teil eines Satzgliedes (7a, b) sein oder mehr als ein Satzglied umfassen (7c, d).

(7) a. *Hefte* besitzt Maria viele.
b. *Finden* kann sie sie allerdings nicht.
c. *Die Hefte finden* kann sie nicht.
d. *Eine Woche lang gesucht* hat sie danach.

Übrigens kommt es gelegentlich vor, dass nicht einmal dies stimmt; manchmal findet man im Vorfeld mehrere Konstituenten zugleich; das ist dann allerdings manchmal eher weniger akzeptabel:

(8) a. *[Eine Woche lang] [die Hefte]* hat sie gesucht.
b. *[Maria] [in der letzten Email]* äußerte sich darüber ganz verzweifelt.
c. *[Maria] [gestern]* gestern war irgendwie durch den Wind.
d. *[Maria] [in einem klassischen Konzert]* kann ich mir beim besten Willen vorstellen.

Man muss sich diese Sätze, damit sie akzeptabel sind, mit einer bestimmten Intonation gesprochen vorstellen. Dann wirkt das gesamte Vorfeld doch wiederum als eine Einheit, die man intuitiv als Topik empfindet. Man beachte übrigens, dass man bei den Sätzen unter (8) die Reihenfolge kaum ändern kann; statt (8d) beispielsweise kann man schwerlich sagen: *In einem klassischen Konzert Maria kann ich mir beim besten Willen nicht vorstellen.*

Wir können jedenfalls schließen, dass die Besetzung des Vorfelds zwar eng mit der Informationsstruktur zusammenhängt, dass die Verhältnisse aber nicht einfach sind: Es gibt viele weitere, insbesondere syntaktische Faktoren, die hier hineinwirken.

Dass Bekanntheit die Abfolge von Nominalphrasen im Mittelfeld steuern kann, wurde schon in Abschnitt 2.8 gezeigt. Im Mittelfeld spielen aber auch andere als informationsstrukturelle Faktoren eine Rolle. Das wird im Folgenden anhand einiger Beispielsätze aufgezeigt.

Verhalten sich Nominalphrasen hinsichtlich Bekanntheit gleich, so gewinnt man leicht den Eindruck, Dativobjekte stünden generell präferiert vor Akkusativobjekten. So werden in den Satzvarianten in (9) sehr eindeutig diejenigen Sätze, in denen das Dativobjekt vor dem Akkusativobjekt steht (9a, c), gegenüber den Sätzen als ‚besser' beurteilt, in denen das Akkusativobjekt vor dem Dativobjekt steht (9b, d). Dabei ist es gleich, ob die Nominalphrasen definit (9a, b) oder indefinit (9c, d) sind.

(9) a. Hanna hat ihrem Bruder ihren Papierkorb geliehen.
b. ??Hanna hat ihren Papierkorb ihrem Bruder geliehen.
c. Sander hat einem Lehrer eine Vase überreicht.
d. ??Sander hat eine Vase einem Lehrer überreicht.

Demnach wäre die Abfolge durch den Kasus gesteuert. Ein erster Verdacht, dass das so vielleicht nicht stimmt, taucht auf, wenn man anstatt voller Nominalphrasen (d.h. solche, die ein lexikalisches Nomen enthalten) pronominale Nominalphrasen verwendet. Dann kehrt sich die präferierte Abfolge nämlich um: In den Varianten in (10) sind jeweils die Sätze akzeptabler, in denen das pronominale Akkusativobjekt vor dem pronominalen Dativobjekt steht.

(10) a. ??Hanna hat ihm ihn geliehen.
b. Hanna hat ihn ihm geliehen.
c. ??Sander hat ihm sie überreicht.
d. Sander hat sie ihm überreicht.

Offenbar ist also nicht der Kasus allein entscheidend. Schaut man sich geeignete Daten an, so zeigt sich, dass Belebtheit bei der Abfolge von Nominalphrasen einen starken Einfluss hat: Mit Vorliebe vorangestellt wird eine Nominalphrase, die etwas Belebtes bezeichnet. Dies mag in der ansonsten oft recht harten Welt der Grammatik überraschend sein, entspricht aber in der Tat den Fakten. Sehr schön zeigen das die Sätze in (11) und (12) (aus Müller (1998)). Hier wurden bei ein und demselben Verb, *entziehen*, verschiedene Varianten ausprobiert. In (11) bezeichnet das Akkusativobjekt etwas Belebtes, in (12) das Dativobjekt. In beiden Fällen wird diejenige Abfolge der Objekte bevorzugt, in der das Belebte vor dem Unbelebten steht (11a, 12b).

(11) a. dass man die Kinder diesem Einfluss entzog
b. ?dass man diesem Einfluss die Kinder entzog

(12) a. ?dass man den Führerschein dem Fahrer entzog
b. dass man dem Fahrer den Führerschein entzog

Gegenüber dem lexikalisch-semantischen Merkmal Belebtheit scheint also das morpho-syntaktische Merkmal Kasus keinen starken Einfluss zu haben.

Möglicherweise ist der Einfluss des Kasus sogar noch geringer, als es im Moment scheint. Denn Akkusativobjekte und Dativobjekte haben meist ganz typische **semantische Rollen**: Während Akkusativobjekte oft Patiens sind, sind Dativobjekte oft Benefizient oder Rezipient. Die semantischen Rollen Benefizient und Rezipient wiederum werden typischerweise von belebten Wesen umgesetzt. So gesehen könnte die Ursache für die präferierte Abfolge „Dativobjekt vor Akkusativobjekt“ in folgendem kausalem Zusammenhang liegen: Dativobjekte tragen oft die semantische Rolle Benefizient oder Rezipient; Benefizienten und Rezipienten sind meist belebt; weil Belebtes präferiert vor Unbelebtem genannt wird, steht dann präferiert das Dativobjekt vor dem Akkusativobjekt. Unter den Pronomen, die im Gegensatz zu vollen Nominalphrasen nicht lexikalisch belebten oder unbelebten Entitäten zugeordnet werden können, scheint dieser Unterschied dann aufgelöst zu sein, wie (10) nahelegt.

Möglicherweise ausgehend von unterschiedlichen semantischen Rollen in ihrer Valenz haben übrigens Verben unterschiedliche Abfolgepräferenzen für ihre Subjekte und/oder Objekte. (13) und (14) beispielsweise enthalten im eingebetteten Satz ein Subjekt (*das Geld*) und ein Dativobjekt (*der Stadt*). Während in (13) wider Erwarten die Abfolge Dativobjekt vor Subjekt bevorzugt wird, finden die meisten Informanten in (14) die umgekehrte Abfolge akzeptabler.

(13) a. Ich glaube, dass der Stadt das Geld fehlt.
b. ?Ich glaube, dass das Geld der Stadt fehlt.

(14) a. ?Ich glaube, dass der Stadt das Geld hilft.
b. Ich glaube, dass das Geld der Stadt hilft.

Da der einzige Unterschied zwischen (13) und (14) in der Wahl des Verbs besteht, muss dies die Ursache für die unterschiedliche Beurteilung der Sätze sein. Ähnlich verhält es sich bei (15) und (16). Hier geht es um das Akkusativobjekt *seinen Sohn* und das Dativobjekt *seiner Freundin* bei den Verben *vorstellen* und *vorziehen*. (Die Beurteilungen in (15) und (16) gehen auf eine Umfrage unter einer

Seminargruppe zurück und geben die dort mehrheitlich angegebenen Intuitionen wieder; verschiedene Sprecher haben hier gelegentlich utnerschiedliche Intuitionen.)

(15) a. Max zieht seinen Sohn seiner Freundin vor.
b. ?Max zieht seiner Freundin seinen Sohn vor.

(16) a. ?Max stellt seinen Sohn seiner Freundin vor.
b. Max stellt seiner Freundin seinen Sohn vor.

Auch hier muss der Unterschied in der Wahl der Verben liegen, da die Sätze ansonsten gleich sind.

Ein anderer Faktor, der die Abfolge im Mittelfeld steuert, ist der semantische **Skopus**, der Geltungsbereich der Bedeutung mancher Ausdrücke. Dabei geht es, etwas vereinfacht gesagt, darum, dass zum Beispiel bestimmte Artikelwortkombinationen zu mehreren **Lesarten** (d.h. letztlich zu mehreren Bedeutungen) im selben Satz führen können, der Satz dadurch also mehrdeutig oder ambig wird. In (17) und (18) sind diese Ausdrücke *jedem* und *höchstens zwei*. Sich die Lesarten klar zu machen, ist leider etwas verzwickt. Wir versuchen es trotzdem: Sowohl in (17) als auch in (18) tritt als Subjekt *höchstens zwei Rezepte* und als Dativobjekt *jedem Koch* auf. Im Prinzip lassen sich diese auf zwei verschiedene Arten von Situationen anwenden. Bei beiden Situationen wollen wir von einem Bestand von drei Köchen ausgehen: Alfons, Alfred und Jamie. (Ihre Vorlieben sind selbstverständlich ausgedacht!)

Situation 1 sieht so aus: Alfons mag ein Rezept für Coq au vin sehr und lehnt alle anderen ab, Alfred liebt ein Lasagnerezept und eins für Sauerampfersuppe und sonst keine, Jamie schwärmt für ein Zitronenhähnchenrezept und eins für Rucolasalat und sonst für keines. In dieser Situation gilt für jeden Koch, dass er jeweils höchstens zwei Rezepte besonders mag. Die Situation entspricht Lesart 1.

Situation 2 stellen wir uns so vor: Alfons, Alfred und Jamie mögen alle drei ein Rezept für Coq au vin und eines für Mousse au chocolat besonders – damit hat es sich dann aber auch mit den Gemeinsamkeiten. Es gilt, dass es höchstens zwei Rezepte gibt (eben das für Coq au vin und das für Mousse au chocolat), die jedem Koch gefallen. Diese Situation entspricht Lesart 2.

Es lässt sich nun beobachten, dass man je nach Abfolge der beiden Nominalphrasen *höchstens zwei Rezepte* und *jedem Koch* jeweils nur eine Lesart ‚erhält' – und zwar jeweils diejenige, die in ihrer Paraphrase bei der erstgenannten Nominalphrase ansetzt. Diese Nominalphrase hat dann semantischen Skopus über die andere.

(17) Es gefallen jedem Koch höchstens zwei Rezepte besonders gut.
Lesart 1: Es gibt für jeden Koch höchstens zwei Rezepte, die ihm besonders gut gefallen.
Lesart 2: ?? Es gibt höchstens zwei Rezepte, die jedem Koch besonders gut gefallen.

(18) Es gefallen höchstens zwei Rezepte jedem Koch besonders gut.
Lesart 1: ?? Es gibt für jeden Koch höchstens zwei Rezepte, die ihm besonders gut gefallen.
Lesart 2: Es gibt höchstens zwei Rezepte, die jedem Koch besonders gut gefallen.

Das heißt also, dass die Abfolge hier dadurch bestimmt wird, welcher semantische Skopus ausgedrückt werden soll. Will man Situation 1 schildern, wird man zu der Abfolge in (17) greifen. Will man Situation 2 schildern, wird man die Abfolge in (18) wählen. Das heißt also umgekehrt, dass der intendierte Skopus, ein semantischer Faktor, die Abfolge der Nominalphrasen bestimmt.

Schließlich soll das ‚Gesetz der wachsenden Glieder' von Behaghel (1909) nicht unerwähnt bleiben. Dabei geht es darum, dass auch die **Gewichtigkeit**, Länge oder Komplexität die Abfolge von Ausdrücken im Mittelfeld beeinflussen kann. Generell gilt dabei Leicht > Schwer. Das wird in (19) und (20) gezeigt. Während bei den kurzen Nominalphrasen in (19) deutlich bevorzugt das ‚belebte' Dativobjekt *dem Nachbarn* vor dem ‚unbelebten' Akkusativobjekt *die Tischdecke* steht, ändert sich dies in (20). Hier ist das Dativobjekt aufgebläht zu einer komplexen Konstruktion mit einem nicht eben kurzen Relativsatz. Als Folge davon ändern sich die Stellungsverhältnisse: Die Abfolge ‚belebtes' Dativobjekt vor ‚unbelebtem' Akkusativobjekt wird nicht mehr bevorzugt. Je nach Sprecher wird sogar die umgekehrte Abfolge klar bevorzugt.

(19) a. Simone lieh dem Nachbarn die Tischdecke.
b. ?Simone lieh die Tischdecke dem Nachbarn.

(20) a. Simone lieh die Tischdecke dem freundlichen Nachbarn, der am Abend vorher zu ihrer Grillparty drei Salate und ein selbstgebackenes Brot mitgebracht hatte.
b. ?Simone lieh dem freundlichen Nachbarn, der am Abend vorher zu ihrer Grillparty drei Salate und ein selbstgebackenes Brot mitgebracht hatte, die Tischdecke.

Das ‚Prinzip der wachsenden Glieder' hat vermutlich etwas mit der Verarbeitbarkeit und Verständlichkeit von Sätzen zu tun: Es ist wohl schlicht einfacher, zunächst einmal den gut verständlichen ‚Kleinkram' abzuarbeiten und sich dann mit dem großen, unübersichtlichen Brocken abzugeben, als umgekehrt vorzugehen.

Das ‚Lernziel' dieses Kapitels war, zu erkennen, dass es im Deutschen vielfältige Faktoren gibt, die die Wortstellung mitbestimmen, und dass nur einige davon etwas mit Informationsstruktur zu tun haben. Wenn Sie davon nicht alle Einzelheiten behalten haben, halte ich das in diesem Zusammenhang nicht für schlimm – Hauptsache, die Grundidee ist klar geworden!

Aufgabe 1: Untersuchen Sie den heutigen Leitartikel Ihrer Lieblingszeitung danach, welche Ausdrücke dort jeweils in den Vorfeldern der einzelnen Sätze auftreten. Notieren Sie dabei, a.) um was für ein (Teil eines) Satzglied(es) es sich dabei handelt und b.) was die Motivation dafür sein könnte, dass der Autor gerade diesen Ausdruck ins Vorfeld gestellt hat.

Aufgabe 2: In dieser Aufgabe sollen Sie untersuchen, ob die Wortstellung der Sätze optimal ist – und wenn nicht, warum das so ist. (Die Original-Sätze, die ich hier gekürzt und variiert habe, stammen aus Kapitel V, „Britannien" von Theodor Mommsens „Das Römische Imperium der Cäsaren", entnommen dem Text im Projekt Gutenberg, http://gutenberg.spiegel.de.)

a.) Siebenundneunzig Jahre waren vergangen, seitdem das große Inselland im nordwestlichen Ozean römische Truppen betreten hatten.

b.) In der Tat war ein notwendiger Teil der cäsarischen Erbschaft die Expedition nach Britannien.

c.) Bei der Schwäche des römischen Heeres, wie durch die innere Politik Augusts sie einmal herbeigeführt war, musste es sehr bedenklich erscheinen, einen erheblichen Bruchteil desselben auf eine ferne Insel zu bannen.

d.) Zunächst genügte schon die Unterwerfung der Südküste, obwohl die Wirkung natürlich sich steigerte, je weiter das freie Keltengebiet zurückgeschoben ward.

Aufgabe 3: In den folgenden Beispielsätzen verändern sich die Lesarten, je nachdem welche Wortstellungs-Variante gewählt wird. Paraphrasieren Sie die Sätze jeweils und erklären Sie, wie die unterschiedlichen Lesarten zustande kommen. (Die Beispiele stammen aus Büring (2005: 21).)

(Wie lief's beim Zahnarzt? – Frag bloß nicht!)

a.) Ich möchte am liebsten den Metzger umbringen.

b.) Ich möchte den Metzger am liebsten umbringen.

Zusammenfassung: Wortstellung spielt für die sprachliche Realisierung aller drei behandelten informationsstrukturellen Dimensionen eine wichtige Rolle – für Bekanntheit/Unbekanntheit ebenso wie für Topik/Kommentar und für Fokus/Hintergrund. Diese Komplexität wird noch dadurch vergrößert, dass Wortstellung wiederum auch von anderen, nicht-informationsstrukturellen Faktoren gesteuert werden kann. Darunter zu nennen sind für das Vorfeld Textanschluss und Rahmensetzung; für das Mittelfeld werden Kasus, semantische Rollen, Belebtheit, semantischer Skopus und Gewichtigkeit als wichtige Faktoren diskutiert.

Grundbegriffe: Wortstellung, Vorfeld, Mittelfeld, Wortstellungsfaktoren, Bekanntheit, Kasus, Belebtheit, Skopus.

Weiterführende Literatur: Zifonun et al. (1997) und Altmann und Hofmann (2004) behandeln die deutsche Wortstellung sehr detailliert. Wöllstein (in Vorbereitung) ist eine gute Einführung. Zur doppelten Vorfeldbesetzung siehe Müller (2005) und seine große und sehr übersichtlich aufgebaute „Datensammlung zur scheinbar mehrfachen Vorfeldbesetzung" unter der Internetadresse http://hpsg.fu-berlin.de/~stefan/PS/mehr-vf-daten.pdf.

8. Andere Sprachen, andere Mittel

Wir haben uns bisher ausschließlich mit der Informationsstruktur im Deutschen befasst. Sprachen unterscheiden sich aber auch in dieser Hinsicht stark voneinander, und deshalb ist es durchaus interessant, einen Blick über den eigenen Gartenzaun hinweg in andere Sprachen zu werfen. Das wollen wir in diesem Kapitel zumindest ansatzweise tun. Wir werden dabei sehen, dass Sprachen sich sowohl hinsichtlich der Inventare an Mitteln unterscheiden, die sie für die Kodierung von informationsstrukturellen Dimensionen einsetzen, als auch hinsichtlich der Art, wie sie sie einsetzen.

Das Deutsche beispielsweise hat bekanntlich eine recht variable Wortstellung und kann zusätzlich Akzente variabel setzen. Das Englische ist in seiner Wortstellung viel stärker festgelegt und kann dieses Mittel deshalb kaum nutzen; dafür kann es aber allerlei mit Akzentsetzungen anstellen. Das Katalanische (eine romanische Sprache, die vor allem in Nordostspanien gesprochen wird) hingegen ist umgekehrt bezüglich der Akzentsetzung sehr starr, kann jedoch – wie das Deutsche – Wortstellungsvariationen nutzen.

Insgesamt gesehen ist das Inventar an sprachlichen Mitteln, die potentiell für die Kodierung von Informationsstruktur genutzt werden können, riesig: Es gibt lexikalische und morphologische Mittel wie auch syntaktische und natürlich prosodische. Oft können die Mittel optional verwendet werden, das heißt, es herrscht oft kein Zwang, die Informationsstruktur zu markieren.

Prosodische Mittel spielen in den Sprachen der Welt eine besonders wichtige Rolle. Der **Tonakzent** wird außer im Deutschen auch noch in vielen anderen Sprachen verwendet. Im Englischen markiert er wie im Deutschen Fokus und Topik. Schon Bolinger (1958) stellt für den englischen Fokus einen fallenden Akzent, für Topik einen fallend-steigenden Akzent fest. Das entspricht wohl auch den Verhältnissen im Deutschen. Auch Rahmenadverbiale tragen oft einen Akzent. Natürlich ist der Gebrauch von Akzenten nicht auf Deutsch und Englisch beschränkt; sehr viele andere Sprachen verwenden ebenfalls Akzente. In anderen Sprachen wird stattdessen das **Tonhöhenregister** eines gesamten fokussierten Ausdrucks angehoben, so im Georgischen (einer kaukasischen Sprache), Hindi (das zu den indoeuropäischen Sprachen gehört und in Indien gesprochen wird), im Koreanischen (einer altaischen Sprache) und im Mandarin (dem ‚Hochchinesisch', einer sinotibetischen Sprache). Zusätzlich gibt es das Mittel, bestimmte Ausdrücke, vor allem Topiks, durch eigene **Intonationsphrasen** zu markieren. Das tun beispielsweise Deutsch und Englisch, aber auch Tonsprachen wie Kantonesisch (eine sinotibetische Sprache, die in Südchina gesprochen wird).

Die **Deakzentuierung**, die oben ebenfalls schon erwähnt wurde, ist eine andere prosodische Strategie. Im Englischen und Deutschen signalisiert sie Bekanntheit. Manchmal kann das Mittel der **Ellipse**, also der vollständigen phonetischen Reduktion in Form einer Tilgung verwendet werden, um bekannte Einheiten zu markieren – oder eben nicht zu markieren, je nachdem, wie man es sehen will. Dies setzt immer voraus, dass die getilgte Einheit rekonstruierbar ist. Ellipsen werden häufig in Koordinationsstrukturen und in Frage-Antwort-Kontexten verwendet.

(1) a. Der Affe liebt Nüsse und ~~der Affe~~ hasst Sardellen.
b. Wer hat die Kokosnuss geklaut? – Der Affe ~~hat die Kokosnuss geklaut~~.

Andere Sprachen, darunter im Gesprochenen auch das Deutsche, verwenden den so genannten **Topic-Drop**, die vollständige Auslassung von Topiks. Diese Auslassung wird in (2) durch das Zeichen „Ø" markiert. Im gesprochenen Deutsch ist das sowohl für Subjekte als auch für Objekte im Vorfeld akzeptabel (2a, b). Auch das Mandarin verwendet Topic-Drop (2c, d) (Huang (1984: 537), zitiert nach Erteshik-Shir (2007: 23)).

(2) a. Was ist mit Harald? – Ø Kann nicht kommen.
b. Was ist mit den Ostereiern? – Ø Haben wir noch nicht gefunden.
c. Ø lai-le.
kam
‚Er/sie/es kam.'
d. Lisi hen xihuan Ø.
Lisi sehr mögen
‚Lisi mag ihn/sie/es sehr.'

Es ist allerdings durchaus nicht klar, ob es sich dabei im Deutschen und im Mandarin um genau dasselbe Phänomen handelt. Im Deutschen kann das Topikelement nur weggelassen werden, wenn es im Vorfeld steht (beziehungsweise stehen würde, wenn man es nicht wegließe):

(3) a. Was ist mit Harald? – Ø kann nicht kommen.
b. Was ist mit Harald? – *Wahrscheinlich kann Ø nicht kommen.

Das gilt jedenfalls unter der Annahme, dass es für die Topikalität nicht ausschlaggebend ist, ob das betreffende Element im Vorfeld steht. Mit dem Chinesischen ist das nicht vergleichbar, weil es keine vergleichbare topologische Struktur des Satzes gibt.

Unter den **syntaktischen Mitteln**, die zur Verfügung stehen, ist natürlich die **Wortstellung**: Die Reihenfolge von Ausdrücken im Satz kann die informationsstrukturelle Gliederung widerspiegeln. Dies treffen wir in zahlreichen Sprachen an. Im Deutschen beispielsweise tendieren Topiks dazu, an der linken Seite des Mittelfeldes aufzutreten, während unbekannte und Fokus-Einheiten dazu tendieren, am Ende des Satzes aufzutreten. Rahmensetzer treten oft im Vorfeld auf. Diese Position kann jedoch auch für andere Ausdrücke genutzt werden, zum Beispiel sowohl für Topiks als auch für Fokus-Ausdrücke. Andere Sprachen, die ebenfalls die Wortstellung entsprechend der Informationsstruktur verändern können, sind beispielsweise Dänisch, Hindi, Japanisch (das zu den altaischen Sprachen gezählt wird), Koreanisch, Niederländisch und Russisch; in der Fachliteratur wird dies oft unter dem Stichwort „Scrambling“ behandelt.

In manchen Sprachen gibt es ganz besondere **syntaktische Positionen**, die bei der Kodierung der Informationsstruktur eine wichtige Rolle spielen. Allgemein gesagt ist vor allem die Satzanfangszone sehr wichtig dafür; wir haben dies ja für das Deutsche in Abschnitt 7.2 ausführlich erörtert. An dieser prominenten Stelle werden vor allem Topiks aufgestellt, aber einige Sprachen präsentieren hier auch Fokuskonstituenten. Laut Kiss (1998: 682, zitiert nach Erteshik-Shir (2007: 81-82)) hat das Ungarische (das als finno-ugrische Sprache nicht zu den indoeuropäischen Sprachen gehört) eine Topikposition am Satzanfang und eine danach kommende besondere präverbale Position für Fokus. Dies wird in (4) für die verschiedene Kasus Akkusativ, Nominativ und Dativ durchgespielt.

(4) a. János IMRÉT mutatta be Zsuszának.
János Imre-AKK vorstellen Zsuszán-DAT
‘[TOPIK János] hat der Zsuszán [FOKUS IMre] vorgestellt.’

b. Zsuszának JÁNOS mutatta be Imrét.
Zsuszán-DAT János vorstellen Imre-AKK
'[TOPIK Zsuszán] wurde Imre von [FOKUS JÁnos] vorgestellt.'

c. Imrét ZSUSZÁNAK mutatta be János.
Imre-AKK Zsuszán-DAT vorstellen János
'[TOPIK Imre] wurde von János [FOKUS der ZsuSZÁN] vorgestellt.'

Italienisch kann Fokusausdrücke am Satzanfang (Rizzi (1997)) oder auch am Satzende platzieren (Samek-Lodovici (2006)).

Féry und Krifka (2008) argumentieren übrigens dafür, dass Wortstellungsveränderungen oft nicht nur für sich selbst vorgenommen werden, sondern im Grunde die Folge der Verwendung von prosodischen Mitteln sind – wenn Akzente in einer Sprache gerne am Satzende stehen wollen, dann muss das, was akzentuiert werden soll, eben ans Satzende gesetzt werden. Oder eine Umstellung ist die Voraussetzung dafür, die Intonationsphrasen zu bilden, die man aus informationsstrukturellen Gründen gerne hätte.

Viele Sprachen verwenden besondere **syntaktische Konstruktionen** wie Spaltsätze oder Pseudo-Spaltsätze, um Topik oder Fokus zu markieren. Deutsche Beispiele dazu haben Sie schon in Abschnitt 3.7 kennengelernt. Im Englischen gibt es ganz ähnliche Konstruktionen. Doch auch in mit diesen weniger oder gar nicht verwandten Sprachen beobachtet man entsprechende Konstruktionen, die ein Topik besonders herausheben, zum Beispiel im Russischen (4a), im Fidschi (einer austronesischen Sprache) (4b) oder im Japanischen (4c) (Gundel (1988: 225f).

(5) a. (To) čto menja udivlajaet, eto ee mudrost
das was mich überrascht das ihr Weisheit
‚Was mich überrascht, ist ihre Weisheit.'

b. Na gone tagane e lako mai Hawaii oya
Das Kind männlich 3.SG kommen von Hawaii er
‚Der Junge, er ist von Hawaii.'

c. Mado o watta no wa Taro da
Fenster OBJ brechen TOPIK Taro sein
‚Wer das Fenster zerbrach, war Taro.'

Ebenso gibt es auch in anderen Sprachen Konstruktionen, die Fokus-Ausdrücke besonders hervorheben, wie die russischen und französischen Cleft-Konstruktionen in (6a) bzw. (6b) (Gundel (1988: 226)).

(6) a. Eto Ivana ja videl
Es/das Ivan-AKK ich sah
‚Es war Ivan, den ich sah.'

b. C'est pour ça qu'il a gagné le prix
Es ist für das dass er hat gewonnen den Preis
‚Es ist dafür, dass er den Preis gewonnen hat.'

Determinierer oder **Artikelwörter** und **Pro-Wörter** sind natürlich wichtige **lexikalische Mittel**, die in vielen Sprachen – darunter das Deutsche – die Unterscheidung zwischen bekannten und unbekannten Diskursreferenten signalisieren können. Viele Sprachen haben übrigens keine Determinierer dafür zur Verfügung oder keinen definiten beziehungsweise indefiniten Artikel, darunter auch wenig exotische Sprachen wie das Russische.

Ein lexikalisches Mittel zur informationsstrukturellen Markierung sind **Partikeln**. Im Japanischen und Kantonesischen werden zum Beispiel Topiks durch Partikeln markiert. Hier ist ein japanisches Beispiel (aus Gundel (1988: 213)).

(7) Neko wa kingyo o ijitte
Katze TOPIK Goldfisch OBJ spiel-mit
‚Die Katze spielt mit dem/einem Goldfisch.'

Dass Partikeln die informationsstrukturelle Gliederung von Sätzen signalisieren könnten, wurde übrigens auch in der Literatur über das Deutsche diskutiert. Insbesondere wurde vorgeschlagen, dass Abtönungs- oder Modalpartikeln im Mittelfeld die Grenze zwischen Bekanntem und Unbekanntem markieren. Der genauere Blick auf die Datenlage zeigt nach Thurmair (1989: 29-35) jedoch, dass zwar Unbekanntes kaum vor Abtönungpartikeln auftreten kann (8a, b), dass Bekanntes aber sowohl davor als auch danach zu beobachten ist (8c, d).

(8) a. In dem Bilderrahmen könnten wir *ja* ein Familienfoto ausstellen.
b. *In dem Bilderrahmen könnten wir ein Familienfoto *ja* ausstellen.
c. In dem Bilderrahmen könnten wir *ja* das Familienfoto ausstellen.
d. In dem Bilderrahmen könnten wir das Familienfoto *ja* ausstellen.

Die Topik-Marker des Koreanischen in (9) werden als **Suffixe** analysiert (Gundel (1988: 217)).

(9) suyeng -nin Waikiki -ka coh-ta
Schwimmen TOPIK Waikiki OBJ gut
‚Was Schwimmen angeht, ist Waikiki gut.'

Partikel- oder Morphem-Markierungen für Topiks gibt es beispielsweise auch in Burmesisch, Hmong, Lisu (sinotibetische Sprachen), Hua (eine Khoisan-Sprache aus dem südlichen Afrika), Quechua (eine Anden-Sprache) und Mongolisch (das zu den altaischen Sprachen gezählt wird) (Gundel (1988: 216)). Partikel- oder Morphem-Markierungen für Fokus treten beispielsweise auf in Duala (einer afrikanischen Bantu-Sprache aus Kamerun), Marathi (einer in Indien vorkommenden indoeuropäischen Sprache), Tamilisch (einer dravidischen Sprache, die vor allem im südlichen Indien gesprochen wird), Yukaghir (einer wahrscheinlich isolierten Sprache aus Nordostsibirien), Quechua und Mongolisch (Gundel (1988: 216)) oder in den afrikanischen Gur-Sprachen Buli (Ghana) und Ditammari (Togo und Benin) (Fiedler et al. (2006)). Hier sind Beispiele aus dem Duala (10a) (Gundel (1988: 221), aus Buli (10b) und Ditammari (10c) (Fiedler et al. (2006)).

(10) a. kalati nde Kuo a bodi no nu moto kiele
Buch FOKUS Kuo er geben dieser Mann gestern
‚Es ist ein BUCH, was Kuo diesem Mann gestern gab.'
b. ò ŋòb kà túé.
3.SG essen FOKUS Bohnen
‚Sie aß BOHnen.'
c. ò dī yātũrà nyā.
3.SG essen Bohnen FOKUS
‚Sie aß BOHnen.'

Neben Partikeln können wahrscheinlich auch **Flexionsmorpheme** für informationsstrukturelle Markierungen verwendet werden. So argumentiert Han (1999) dafür, dass im Koreanischen Kasusverschiebungen aufgrund von Fokussierung auftreten.

Die Sprachen der Welt sehen also ein großes Inventar an informationsstrukturellen Ausdrucksmöglichkeiten vor. Ihre Verwendung ist oft optional und sie können auch kombiniert werden.

Zusammenfassung: Wohl alle Sprachen der Welt haben Mittel zur Verfügung, um die Informationsstruktur von Äußerungen zu signalisieren. Die Mittel, die dabei verwendet werden, zeichnen sich einerseits durch große Vielfalt aus; andererseits ist es verblüffend, dass Sprachen, die gar nicht miteinander verwandt sind, zu ganz ähnlichen Mitteln greifen. So greifen viele Sprachen zu vergleichbaren syntaktischen Mitteln, und eine Tendenz dazu, Topiks an den Satzanfang zu stellen, lässt sich universell beobachten.

Grundbegriffe: Prosodische Mittel, Tonakzent, Deakzentuierung, Intonationsphrasen, Ellipse, Topic-Drop, syntaktische Mittel, Wortstellung, syntaktische Positionen, syntaktische Konstruktionen, lexikalische Mittel, Determinierer, Artikelwörter, Pro-Wörter, Partikeln, Flexionsmorpheme.

Weiterführende Literatur: Krifka und Musan (im Erscheinen) liefern einige Darstellungen der informationsstrukturellen Kodierungssysteme einzelner

Sprachen. Erteshik-Shir (2007) bietet einen guten Überblick über unterschiedliche informationsstrukturelle Kodierungsmittel und betrachtet dabei zahlreiche Sprachen. Eine hochinteressante Quelle zu Informationsstruktur in verschiedensten Sprachen der ganzen Welt sind die Webseiten des Sonderforschungsbereichs 632: „Informationsstruktur: Die sprachlichen Mittel der Gliederung von Äußerung, Satz und Text", ein Gemeinschaftsunternehmen der Universität Potsdam und der Humboldt-Universität zu Berlin (www.sfb632.uni-potsdam.de).

9. Text, Quaestio und Informationsstruktur

9.1 Quaestio, Hauptstruktur und Nebenstruktur

In diesem Kapitel wollen wir uns noch einmal mit Eigenschaften von Texten befassen. Zur Erinnerung: In Abschnitt 3.10 hatten wir uns mit thematischer Progression bzw. Topikketten befasst. Dabei ging es um die Muster, nach denen in Texten gleich bleibende oder sich verändernde Topiks über ganze Reihen von Sätzen hinweg organisiert sein können. In diesem Kapitel wird das **Quaestio-Modell** (nach Klein und Stutterheim (1987)) behandelt.

Wie wir in den Abschnitten 2.5, 3.2 und 4.2 gesehen haben, hängt die Informationsstruktur eines Satzes sehr eng mit der Frage zusammen, die er beantwortet. Das berühmteste Beispiel steht schon bei Hermann Paul (1880: §197):

(1) a. Wohin reist Karl morgen?
    b. Wann reist Karl nach Berlin?
    c. Wie reist Karl morgen nach Berlin?
    d. Wer reist morgen nach Berlin?

Jede dieser Fragen kann man mit dem Satz *Karl reist morgen mit dem Zug nach Berlin* beantworten; dabei schwankt aber die Intonation. Ebenso kann man die Wortstellung ändern, und es können auch jeweils andere Pro-Elemente verwendet werden. Man kann sich nun vorstellen, dass jemand eine Frage nicht in einem einzelnen Satz – oder gar einem Satzteil, denn auch das wäre möglich – beantwortet, sondern die Information auf mehrere Sätze verteilt. Mit andern Worten, er antwortet mit einem ganzen Text. Dabei muss die Frage noch nicht einmal zwingend explizit gestellt sein – der Sprecher kann sich **vorstellen**, dass das, was er sagt, eine Antwort auf eine Frage ist – um einen guten Text zu schreiben, ist es oft sehr hilfreich, sich zu überlegen, auf welche Frage er denn eigentlich antworten soll. Deshalb spricht man in diesen Modell von der zugrundeliegenden ‚Quaestio' (die Bezeichnung für ‚Frage' stammt aus dem Lateinischen), wobei es egal ist, ob sie nun tatsächlich gestellt oder nur gedacht ist.

Das Quaestio-Modell geht von der Vorstellung aus, dass ein Text grundsätzlich eine solche explizite oder implizite Frage beantwortet. Diese Frage kann, je nach Textsorte und Intention des Textproduzenten, mehr oder weniger offensichtlich und mehr oder weniger abstrakt sein. Ein Kochrezept kann beispielsweise die Frage beantworten: „Wie bereite ich Lasagne zu?“, während andere Texte Fragen beantworten wie „Wie komme ich vom Schloss zur Mensa?“, „Was muss man tun, damit der Videorecorder einen bestimmten Film aufnimmt?“, „Wieso reden Männer und Frauen so oft aneinander vorbei?“, „Sollte man Karthago angreifen?“ oder „Ist der Mensch von Natur aus schlecht?“

Für uns ist das Quaestio-Modell vor allem deshalb interessant, weil es einen Zusammenhang herstellt zwischen der Gesamtstruktur eines größeren Textes und der Informationsstruktur einzelner Äußerungen innerhalb des Textes.

Sehen wir uns dazu ein authentisches Beispiel an (aus: Klein (1979: 10); die Rechtschreibung wurde von mir angepasst.). Die Frage wurde in diesem Fall ganz explizit gestellt, und zwar an der Hauptwache in Frankfurt am Main. Sie lautete: „Wie kommt man von hier zum Opernhaus?“ Die Antwort ist schlecht in einem Satz zu leisten, weil die auszudrückende Information nach Einschätzung des Sprechers viel zu komplex ist; er hätte natürlich auch sagen können: *Da gehen Sie immer geradeaus*! Aber das wäre nicht hinlänglich informativ gewesen. So hat denn der Sprecher sie auf mehrere Sätze verteilt:

(2) Hier bis zum Kaufhof; rechts is der Kaufhof, ja? Un da halten Sie sich rechts, geradeaus durch die Freßgass. Die wird neu, also is ganz neu gestaltet, die Freßgass, ja? Da kommen Sie direkt auf den Opernplatz, also zur Opernhausruine.

Es fällt zunächst auf, dass in dem Text auch Ausdrücke enthalten sind, die allenfalls indirekt etwas mit der Beantwortung der Quaestio zu tun haben: Da sind zunächst ein paar Kommunikationspartikeln; das fragende *ja* hat in erster Linie die Funktion, den ‚Draht' zwischen den Kommunikationspartnern aufrechtzuerhalten. Ferner enthält der Text den Satz *die wird neu, also is ganz neu gestaltet, die Freßgass*. Dieser Satz trägt nicht direkt etwas zur Beantwortung der Quaestio bei, sondern er gibt eine Hintergrundinformation. Dabei ist darin auch noch eine Selbstkorrektur des Sprechers – *also is ganz neu* – enthalten.

Diese verschiedenen Ebenen unterscheidet man durch die Begriffe **Hauptstruktur** (oder Vordergrund) und **Nebenstruktur** (oder Hintergrund). Die Hauptstruktur eines Textes besteht aus den Sätzen, die direkt etwas zur Beantwortung der Quaestio beitragen und deren Informationsstrukur, wie wir unten genauer sehen werden, auch von der Quaestio direkt bestimmt wird. Die Nebenstruktur hingegen besteht aus Ausdrücken wie Kommunikationspartikeln oder auch ganzen Sätzen, die gar nicht oder nur indirekt etwas zur Beantwortung der Quaestio beitragen, also beispielsweise persönlichen Einschätzungen, Einschüben oder anderen Nebeninformationen. Sie antworten auf andere Fragen, zum Beispiel die Frage: *Was geschieht an der Fressgass?*

Bei der Hauptstruktur geht es nicht unbedingt um die ‚Wichtigkeit' in einem absoluten Sinne, sondern darum, ob ein Satz eine direkte (Teil-)Antwort auf die Quaestio darstellt oder nicht. Kommunikativ können Nebenstrukturen jedoch im Grunde ebenso wichtig sein – beispielsweise bei einem Fazit, das aus einer Geschichte gezogen wird, oder wenn ‚nebenbei' eine wichtige Warnung ausgesprochen wird.

Aufgabe 1: Betrachten Sie den folgenden Text und entscheiden Sie, was hier zur Hauptstruktur gehört und was zur Nebenstruktur. Der Text beantwortet dieselbe Quaestio wie der in (1). Er stammt ebenfalls aus Klein (1979: 48); ich habe darin Äußerungen des Gesprächspartners getilgt und die Interpunktion wieder zur besseren Verständlichkeit angepasst.

Na, oh ja doch, Sie können hier rauf bis, ehm, ich muss auch erst überlegen, weil's son bissei verbaut wurde; Sie gehn jetzt hier eh zur Ecke, dann links oben über den Platz, dann gehn Sie geradeaus, das ist die Goethestraße, also nicht diese, sondern die nächste dann rauf, und dann stoßen Sie direkt, das ist dann auf der rechten Seite, das ist dann die alte Oper; das sehen Sie schon.

9.2 Quaestio und Informationsstruktur einzelner Äußerungen

Die Quaestio macht bestimmte Vorgaben, die sich einesteils auf den Gesamtaufbau des Textes, andererseits auf die Gestalt der einzelnen Äußerungen der Hauptstruktur auswirken; die Nebenstrukturäußerungen folgen allerdings ihren eigenen Gesetzen. Das wollen wir an einem Texttyp erläutern, der weitaus besser untersucht ist als Wegauskünfte, nämlich an Erzählungen.

Es gibt natürlich sehr unterschiedliche Erzählungen, von einfachen mündlichen Alltagsgeschichten („Du stellst Dir nicht vor, was mir heute passiert ist ...") bis zu komplexen literarischen Formen wie „Die Vermessung der Welt" oder „Die Wahlverwandtschaften", einem Roman also, der ja auch eine – allerdings höchst komplexe – Geschichte erzählt. Gemeinsam ist aber allen Erzählungen, dass sie (reale oder erfundene) Ereignisse darstellen, die irgendwelchen Personen, den Protagonisten, widerfahren. Hier wollen wir nur ganz einfache Texte betrachten, die man als Antwort auf Fragen wie die folgenden verstehen kann – die ja auch in der Tat oft so gestellt werden:

(3) a. Was hat Eva gemacht?
b. Was hat Eva heute gemacht?
c. Was haben Eva und Miriam heute auf dem Spielplatz gemacht?
d. Was ist Eva passiert?
e. Was hast du gemacht?
f. Was ist dir passiert?

Ihnen allen ist gemeinsam, dass der Angesprochene eine mehr oder minder komplexe Folge von Ereignissen darstellen soll. Dabei ist es ihm überlassen, wie sehr er das Gesamtgeschehen in einzelne Teilereignisse auflösen und auf einzelne Sätze verteilen will; dies bezeichnet man manchmal als die ‚Granularität', also die Korngröße des Textes. Die Antwort könnte ja auch aus einem einzigen Satz, ja sogar aus einem Satzteil bestehen. So könnte man sich bei (3c) mit der lakonischen Antwort begnügen: *Gespielt.* Dann kommt eben kein Text zustande; dies geschieht erst, wenn man die Folge der Ereignisse wirklich auch in eine Folge von Sätzen umsetzt.

Welche Vorgaben machen nun die verschiedenen Fragen für einen sinnvollen Antwortsatz oder eine Folge von solchen Antwortsätzen? Das W-Wort legt normalerweise den **Kommentar** in der Antwort fest. Nun gibt es im Deutschen kein spezifisches W-Wort für Ereignisse; man kann zwar sagen: *Wer hat angerufen?* nicht aber *Widdel Hans?* – in der Vorstellung, dass der Antwortende dann sagt, was Hans gemacht hat. Stattdessen verwendet man *was* in Verbindung mit einem semantisch ziemlich leeren Wort, hier also *Was ... gemacht?* beziehungsweise *Was ... passiert?* In beiden Fällen wird als Kommentar-Teil der Antwort ein Ereignis verlangt; allerdings wird durch die Wahl des Verbs ein etwas unterschiedlicher Typ der Darstellung nahegelegt. Bei *Was hast du gemacht?* soll der Antwortende die Sache etwas aktiver, als Handelnder, darstellen, bei *Was ist dir passiert?* wird er eher als passiv Betroffener gesehen. Bei (3a) bis (3d) gilt dasselbe, nur dass hier der Protagonist nicht der Erzähler selbst, sondern eben Eva beziehungsweise Miriam sind.

Diese Vorgabe durch das W-Wort in Verbindung mit einem leeren Verb ist, abgesehen von dem etwas unterschiedlichen Verb, allen Fragen in (3) gemeinsam. Bei den übrigen Vorgaben unterscheiden sich die Fragen etwas. Das wird am besten durch einen Vergleich zwischen (3a) bis (3d) deutlich. In allen Fällen ist Eva Protagonist: Es muss etwas über Eva gesagt werden, nämlich was sie gemacht hat bzw. was ihr passiert ist – Eva ist **Topik**.

In (3c) wird darüber hinaus eine weitere Einschränkung vorgegeben, nämlich zum zeitlichen Rahmen: Es geht nicht um irgendwelche Ereignisse mit Eva als Protagonisten, sondern um solche, die heute stattgefunden haben. In (3c) wird diese **Rahmensetzung** noch weiter getrieben. Hier wird auch der örtliche Rahmen vorgegeben. Außerdem wird ein zweiter Protagonist vorgegeben, Miriam.

Man beachte, dass sich eine solche Einschränkung auch allein aus dem Kontext ergeben könnte. Wenn man eine Frage wie (3a) beispielsweise abends am Telefon stellt, dann meint man ja auch nicht: „Was hat Eva vor drei Jahren in Dänemark gemacht?“ Sei es, weil diese Informationen explizit genannt sind, sei es, weil man sie explizit nennt – die Informationen über die Protagonisten, über Ort und Zeit sind jedenfalls damit vorgegeben.

Soweit sie in einem Antwortsatz auch explizit gemacht werden, handelt es sich auf jeden Fall um **bekannte** Information. Im Gegensatz dazu ist der Teil der Antwort, der dem *Was ... gemacht?* beziehungsweise *Was ... passiert?* entspricht, natürlich nicht gegeben. Diese Information wird erst in der Antwort angegeben und ist damit **neu**.

Damit ist die Informationsstruktur eines Antwortsatzes im Großen und Ganzen vorgegeben. Es ergibt sich aber noch ein weiteres Problem, weil man es ja eben mit nicht nur einem, sondern mit einer Reihe von Antwortsätzen zu tun hat, die jeweils einem Teilereignis entsprechen. Die Antwortsätze müssen also irgendwie angeordnet werden.

Dafür gibt es bei Erzählungen eine einfache Grundregel: Die Folge der Antwortsätze (also die Folge der Sätze innerhalb der Hauptstruktur) entspricht der zeitlichen Abfolge der Ereignisse selbst. Dieses ‚Prinzip der natürlichen Ordnung’, wie man es oft nennt, war schon in der antiken Rhetorik bekannt; dort bezeichnet man es als das Verbot des ‚hysteron proteron’, das heißt das Spätere (‚hysteron’) sollte nicht – oder nur, um einen speziellen Effekt zu erzielen – vor dem Früheren (‚proteron’) dargestellt werden. Ein solches Prinzip verwendet man übrigens gewöhnlich automatisch auch bei Wegauskünften, nur dass es sich da nicht um Ereignisse in der Vergangenheit handelt, sondern um Handlungen, die jemand vollziehen soll, wenn er sein Ziel erreichen will. Das ist durchaus nicht so trivial, wie es scheint: Theoretisch könnte man ja auch den Weg vom Ziel her beschreiben.

Eine Textantwort auf die Frage (3c) *Was haben Eva und Miriam heute auf dem Spielplatz gemacht?* könnte also nach dem Schema in (4) aufgebaut sein; dabei sind t1, t2, t3 usw. die Zeiten der jeweiligen Teilereignisse, o1, o2, o3 usw. die Orte dazu; sie müssen allesamt in den durch *heute* und *auf dem Spielplatz* gesetzten Rahmen fallen. Aber innerhalb dieses Rahmens können sie sich durchaus ändern; es geschehen ja weder alle Teilereignisse gleichzeitig, noch passieren sie an der gleichen Stelle auf dem Spielplatz.

(4)	*Sätze*	*Zeiten*	*Orte*	*Protagonisten*	*Ereignisse*
	S1	t1	o1	Eva und Miriam	auf den Spielplatz gehen
	S1	t2	o3	Eva	zur Schaukel gehen
	S3	t3	o3	Miriam	zur Wippe gehen
	S4	t4	o4	Eva	hochklettern
	S5	t5	o5	Miriam	rufen
	S6	t6	06	Eva	runterklettern
	S7	t7	o7	Eva	zur Wippe gehen
	usw.				

Dabei gilt, dass Zeiten und Orte innerhalb des gesetzten Rahmens liegen, sich aber sehr wohl innerhalb dieses Rahmens auch ändern können. Solche Änderungen können angegeben werden, müssen es aber nicht. Zum Teil ergeben sie sich auch automatisch – die Zeiten aufgrund des Prinzips der natürlichen Ordnung, die Orte, weil sie sich teilweise aus den jeweiligen Handlungen ergeben (Man beachte, dass *die Wippe* nicht identisch ist mit dem genauen Ort, zu dem die Handlung *zur Wippe gehen* erfolgt!). Folglich ist zwar der Rahmen gegeben, aber seine Auflösung in einzelne Komponenten kann durchaus neue Information beinhalten.

Die beiden Protagonisten, über die etwas gesagt werden soll, sind ebenfalls bekannt. Aber das schließt natürlich nicht aus, dass mal Eva, mal Miriam, mal beide als Topik des jeweiligen Satzes gewählt werden. Es kann also einen Wechsel des Topiks geben: man muss also hier scharf unterscheiden zwischen **bekannter** Information und **beibehaltenem** Topik. Dies zeigt übrigens auch noch einmal, dass beibehaltene Topiks immer bekannt sind, nicht aber umgekehrt Bekanntes unbedingt Topik sein muss (siehe dazu Abschnitt 3.3).

Neu sind lediglich die Ereignisse, die als Kommentar der einzelnen Sätze ausgedrückt werden. Hier kommt nun allerdings eine besondere Tücke ins Spiel. Es kann nämlich sein, dass dieselbe Handlung, oder teilweise dieselbe Handlung beibehalten wird, nur beispielsweise für eine andere Zeit, einen anderen Ort oder einen anderen Protagonisten. In (4) bildet *zur Wippe gehen* sowohl bei Satz 3 wie auch bei Satz 7 den Kommentar – nur wird es einmal über Miriam gesagt und einmal über Eva; ebenso ist die Zeit verschieden. All dies betrifft das Wechselspiel zwischen beibehaltener und nicht beibehaltener Information beim allmählichen Voranschreiten des Textes.

Wie kann das in (4) beschriebene Gerüst nun sprachlich in eine Folge von Sätzen umgesetzt werden? Das hängt von den Mitteln ab, die die jeweilige Sprache zur Verfügung stellt. Dazu zählt natürlich, wie sie Bekanntes und Neues, Topik und Kommentar, Rahmenbildung, kurzum die Informationsstruktur markiert.

Wenn es nur darum ginge, könnte das Ergebnis eine sehr einfache und durchsichtige Folge von Sätzen sein. Aber leider kommen auch noch viele andere Faktoren ins Spiel, die auf die Struktur einer Äußerung Einfluss nehmen; wir haben dies in Abschnitt 4.7 und Kapitel 7 am Beispiel der Intonation und der Wortstellung illustriert. Ähnliches gilt für die Entscheidung, ob man beispielsweise ein Pronomen wie *sie* oder eine volle Form wie *Eva* oder gar *Miriam und Eva* nimmt. In Satz 2 zum Beispiel darf man nicht *sie* nehmen, um auf Eva zu verweisen, obwohl Eva bereits eingeführt ist und beibehalten wird. Möglich ist das überhaupt nur in Satz 7; das liegt daran, dass hier kein Wechsel der Protagonistin vorliegt (siehe dazu auch Abschnitt 2.4).

Eine weitere Komplikation ergibt sich daraus, dass der Sprecher auch entscheiden muss, welche Informationen er überhaupt explizit machen will und welche er glaubt, dem Kontext überlassen zu können. Bei den Orts- und Zeitangaben hat er dabei nach den Regeln des Deutschen eine recht freie Wahl; er kann sie angeben, muss das aber nicht tun (abgesehen vom Tempus, das fest mit dem flektierten Verb verbunden ist). Bei den Protagonisten oder bei dem durch das Verb bezeichneten Geschehen ist das problematischer: Diese Information kann man im Deutschen nur unter sehr eingeschränkten Bedingungen weglassen.

Kurzum: Die durch die Quaestio vorgegebene Informationsstruktur der einzelnen Äußerungen mag zwar relativ klar sein; aber bei ihrer sprachlichen Umsetzung in einen deutschen Satz ist diese

Informationsstruktur nur einer von mehreren Faktoren, die letztlich die Gestalt der Äußerung bestimmen.

Aufgabe 2: In welchen Satzpositionen würde man Bekanntes, Topik und Fokus (einer Hauptstrukturäußerung) typischerweise erwarten? Warum spielt es für die Position von Verben kaum eine Rolle, welche informationsstrukturellen Eigenschaften sie haben?

Aufgabe 3: Untersuchen Sie den Beginn des Kinderbuches „Die kleine Hexe" von Otfried Preußler (Stuttgart: Thienemann, 1957). Gehen Sie dabei davon aus, dass wir der Erzählung die Quaestio „Was ist der kleinen Hexe einmal passiert?" zuordnen können und dass sie nach dem folgenden Schema aufgebaut ist:

Was passierte der kleinen Hexe zu t1 in dem Zeitraum?
Was passierte der kleinen Hexe zu t2 in dem Zeitraum?
Was passierte der kleinen Hexe zu t3 in dem Zeitraum?
usw.

a.) Welche Teile des Textes gehören zur Hauptstruktur, welche zur Nebenstruktur?
b.) Wie gestaltet sich der Bezug auf die Zeit in den Hauptstrukturäußerungen. Von welchen Zeiten ist hier die Rede?
c.) In welchen Satzpositionen stehen die Topikausdrücke der Hauptstruktur?

Die kleine Hexe hat Ärger

Es war einmal eine kleine Hexe, die war erst einhundertsiebenundzwanzig Jahre alt und das ist ja für eine Hexe noch gar kein Alter.

Sie wohnte in einem Hexenhaus, das stand einsam im tiefen Wald. Weil es nur einer kleinen Hexe gehörte, war auch das Hexenhaus nicht besonders groß. Der kleinen Hexe genügte es aber, sie hätte sich gar kein schöneres Hexenhaus wünschen können. Es hatte ein wundervoll windschiefes Dach, einen krummen Schornstein und klapprige Fensterläden. Hinten hinaus war ein Backofen angebaut. Der durfte nun einmal nicht fehlen. Ein Hexenhaus ohne Backofen wäre kein richtiges Hexenhaus.

Die kleine Hexe besaß einen Raben, der sprechen konnte. Das war der Rabe Abraxas. Er konnte nicht nur „Guten Morgen!" und „Guten Abend!" krächzen wie ein gewöhnlicher Rabe, der sprechen gelernt hat, sondern auch alles andere. Die kleine Hexe hielt große Stücke auf ihn, weil er ein ausnehmend weiser Rabe war, der in allen Dingen die Meinung sagte und nie ein Blatt vor den Mund nahm.

Etwa sechs Stunden am Tag verbrachte die kleine Hexe damit, sich im Hexen zu üben. Das Hexen ist keine einfache Sache. Wer es im Hexen zu etwas bringen will, darf nicht faul sein. Er muss zuerst alle kleineren Hexenkunststücke lernen – und später die großen. Seite für Seite muss er das Hexenbuch durchstudieren und keine einzige Aufgabe darf er dabei überspringen.

Die kleine Hexe war erst auf Seite zweihundertdreizehn des Hexenbuches. Sie übte gerade das Regenmachen. Sie saß auf der Bank vor dem Backofen, hatte das Hexenbuch auf den Knien liegen und hexte. Der Rabe Abraxas saß neben ihr und war unzufrieden.

„Du sollst einen Regen machen", krächzte er vorwurfsvoll, „und was hext du? Beim ersten Mal lässt du es weiße Mäuse regnen, beim zweiten Mal Frösche, beim dritten Mal Tannenzapfen! Ich bin ja gespannt, ob du wenigstens jetzt einen richtigen Regen zustande bringst!"
Da versuchte die kleine Hexe zum vierten Mal, einen Regen zu machen. Sie ließ eine Wolke am Himmel aufsteigen, winkte sie näher und rief, als die Wolke genau über ihnen stand: „Regne!"

Betrachten wir nun einmal eine sehr einfache Möglichkeit, (4) tatsächlich als einen kleinen Text wiederzugeben (die eingeklammerten Teile sind optional):

(5) Eva und Miriam sind so gegen vier dorthin gegangen.
Eva ist zur Schaukel gegangen.
Miriam ist zur Wippe gegangen.
Dann ist Eva (an der Schaukel) hochgeklettert.
Dann hat Miriam (nach Eva) gerufen.
Daraufhin Eva ist die Schaukel (wieder) runtergeklettert.
Dann ist Eva (auch) zur Wippe gegangen.
usw.

Dieser Text ist eine tadellose Antwort auf die Frage *Was haben Eva und Miriam heute auf dem Spielplatz gemacht?* Aber er ist natürlich sehr schlicht, wie von einem Kind erzählt, und sicher nicht so, wie ihn der Lehrer in der Schule gerne hätte. Er befolgt lediglich die Vorgaben in möglichst einfacher Weise. Um ihn auch zu einem guten Text zu machen, muss man die Vorgaben grundsätzlich wahren, aber besser ausnutzen. Dazu gibt es viele Möglichkeiten, insbesondere die folgenden vier:

(a) Man kann Äußerungen einfügen, die keine direkte Antwort auf die Frage sind, also Nebenstrukturen, beispielsweise: *Die haben sich schon etwas geleistet, Dabei hatte ich ihnen das ausdrücklich verboten, Die war wohl ein bisschen wacklig*, usw.

(b) Man kann die Äußerungen der Hauptstruktur durch Informationen erweitern, die zwar nicht zu den Vorgaben zählen, ihnen aber auch nicht widersprechen: *Wie sie mir dann erzählt hat, glaube ich jedenfalls, zum ersten Mal,* usw. Dazu zählt auch die Möglichkeit, neue Protagonisten, also solche, die in der Frage noch nicht genannt sind, einzuführen, beispielsweise durch Sätze wie: *In dem Augenblick ist ein Hund rübergelaufen.* Ebenso kann man spezielle, beispielsweise kausale Beziehungen zwischen den einzelnen Ereignissen angeben wie: *Deshalb ist Eva wieder runtergestiegen.*

(c) Man kann bei der Wahl der Ausdrucksmittel variieren, also manchmal das Passiv oder eine Nominalisierung verwenden; ebenso kann man in der Wortwahl variieren. Dabei ist aber immer zu berücksichtigen, dass sich diese Variation auf die zugrundeliegende Informationsstruktur auswirken kann. Das Passiv geht oft – wenn auch nicht zwingend – mit einem anderen Topik einher als das Aktiv (siehe dazu auch die Ausführungen in Abschnitt 3.6).

(d) Man kann schließlich in gewissen Grenzen auch gegen die Vorgaben verstoßen, beispielsweise indem man in der Zeitfolge zurückspringt oder ausdrücklich markiert, dass zwei Ereignisse gleichzeitig sind: *Zuvor hatte sie anscheinend ...*, *Gleichzeitig hatte Miriam ...* Dies darf man nicht zu weit treiben, sonst hat man nur noch Nebenstrukturen und der Text antwortet nicht mehr auf die Frage. Aber geschickt genutzt lassen sich auf diese Weise gute stilistische Effekte erzielen.

Mit diesen und anderen Mitteln lässt sich ein Text bilden, der nicht nur eine Antwort auf die Quaestio ist, sondern auch eine gute Geschichte.

Aufgabe 4: Warum ist das folgende Rezept bezüglich der sprachlichen Umsetzung hochgradig suboptimal? (Das Rezept stammt, allerdings natürlich nicht in dieser Form, von Hamida Demirdache.)

Ein Pfund Brie in ca. 2 cm große Stücke schneiden und in 4 Esslöffel Olivenöl hinein geben. Spaghetti kochen. Den am Abend zuvor vorbereiteten Brie mit einem Bund frischem Basilikum, schwarzem Pfeffer und Salz würzen. Eine Knoblauchzehe in der Sauce ist sehr schmackhaft und führt dazu, dass der Brie sich besser im Öl auflöst. Eventuell Minitomaten klein schneiden und in die Sauce tun. Wenn der Brie noch nicht aufgelöst war, sollte man die Sauce vorher glatt rühren. Von dem Brie sollte übrigens das Weiße geschält sein.

9.3 Komplexere Texte: Quaestio und Sub-Quaestiones

Selbst in der oben vorgeschlagenen Form angereichert, wäre der Text (5) sicher immer noch sehr einfach. Es gibt hier eben nicht so sehr viel zu erzählen. Wenn man sich hingegen daran macht, die ganze Handlung seines Lieblingsfilms nachzuerzählen, dann wäre das Ergebnis ein sehr viel komplexerer Text, für dessen endgültige Gestalt die Quaestio *Was passiert in deinem Lieblingsfilm?* nur noch gewisse allgemeine Vorgaben macht – die aber durchaus!

Ein solch komplexer Text schachtelt sich – jedenfalls bei einem passablen Erzähler – aus vielen Teiltexten hoch, die jeweils bestimmten, der allgemeinen Quaestio untergeordneten Sub-Quaestiones entsprechen. Hier wollen wir das, ohne allzu sehr ins Detail zu gehen, an einem Beispiel betrachten, diesmal wiederum an einer anderen Textsorte, an Kochrezepten. Dazu gibt es kaum Untersuchungen; aber jeder kennt solche Rezepte, und jeder weiß, dass sie, wenn sie verständlich sein sollen, auch gut strukturiert sein müssen.

In einem komplexen Text lassen sich, wenn er denn einigermaßen klar strukturiert ist (was natürlich nicht immer der Fall ist!) oft einzelnen Textpassagen ineinander geschachtelte Sub-Quaestiones (SQ) zuordnen. Das lässt sich gut am Beispiel eines Lasagne-Rezepts zeigen:

(6) Quaestio eines Lasagne-Rezepts: Wie bereitet man Lasagne zu?
SQ1: Was braucht man für die Zubereitung einer Lasagne?
SQ2: Wie präpariert man die Backform?
SQ3: Was macht man mit den Zutaten, um die Füllmasse zuzubereiten?
SQ3.1: Wie brät man das Fleisch an?
SQ3.2: Was für Zutaten kommen hinzu?
...
SQ4: Wie bereitet man die Béchamel-Sauce zu?
SQ5: Wie schichtet man alles aufeinander?
SQ6: Was ist beim Backen zu beachten?

Die Sub-Quaestiones ergeben sich aus den notwendigen Handlungsschritten beim Zubereiten der Lasagne. Interessant sind sie, weil sie, ebenso wie Quaestio eines Gesamttextes, in hohem Maße die Informationsstruktur der Hauptstruktur steuern und deshalb konkrete Auswirkungen auf die Textgestaltung haben können.

Dadurch, dass sich einzelnen Äußerungen unterschiedliche Sub-Quaestiones zuordnen lassen, lassen sich Topikwechsel (vg. Abschnitt 3.10) und unterschiedliche Foki über die Sätze hinweg gut nachvollziehen. Die erwartbaren Topiks und Foki zu dem Schema in (6) werden entsprechend in (7) dargestellt.

(7)

	Topik	*Fokus*
SQ1:	die Lasagenzubereitung	die Zutaten dafür
SQ2:	die Backform	ihre Präparation
SQ3:	die Zutaten	was man damit macht
SQ3.1:	das Fleisch	die Brattätigkeit
SQ3.2:	das Hinzufügen	die zuzufügenden Gewürze etc.
...		
SQ4:	die Béchamel-Sauce	die Art ihrer Zubereitung
SQ5:	die Schichtung	der Vorgang des Schichtens
SQ6:	das Backen	was dabei wichtig ist

Entsprechend der unterschiedlichen Besetzung der informationsstrukturellen Kategorien kann natürlich auch hier wieder die sprachliche Umsetzung verschieden sein.

Aufgabe 5: In dieser Aufgabe sollen Sie einen Rezept-Text untersuchen (aus: Jamie Oliver: *Essen ist fertig! Die besten Rezepte für jeden Tag.* Starnberg: Dorling Kindersley Verlag: 2005, 35.).

a.) Identifizieren Sie Hauptstruktur und Nebenstruktur.

b.) Aus welchen Sub-Quaestiones baut sich die Hauptstruktur auf? Analysieren Sie die Sub-Quaestiones bis hinunter zu einzelnen Sätzen.

c.) Identifizieren Sie Ihren Sub-Quaestiones entsprechend in den einzelnen Äußerungen der Hauptstruktur Topik und Fokus.

Frittierter Fisch mit Pommes und Erbsenpüree

Wirklich gute „fish and chips" bekommt man heutzutage nicht einmal mehr in England überall. Darum verrate ich Ihnen mein Rezept. Mehr als vier Personen sollten Sie aber nicht bekochen wollen, wenn Sie nicht eine wirklich große Fritteuse besitzen, sonst ist der Aufwand doch zu groß. Reichen Sie Essiggurken und eingelegte Zwiebeln dazu (wenn Sie an dem Abend niemandem mehr zu nahe kommen wollen) sowie ein paar eingelegte Chilischoten. In England besprenkelt man den Fisch mit Malzessig, als Alternative empfiehlt sich Obstessig. Und Ketchup bitte nur vom Feinsten!

[... (Hier steht die Liste der Zutaten, RM.)]

Für das Erbsenpüree die Butter, die Erbsen und die Minze in einem Topf zugedeckt etwa 10 Minuten dünsten. Den Zitronensaft dazugeben, salzen und pfeffern. Pürieren Sie die Erbsen in der Küchenmaschine oder zerstampfen Sie sie von Hand. Das weiche Püree ergibt den perfekten Fisch-Dip. Warmhalten.

Die Kartoffelstäbchen 4-5 Minuten in Salzwasser vorkochen, sie sollen zwar weich, aber noch gut in Form sein. In ein Sieb abgießen und ausdampfen lassen, bis sie richtig trocken sind. In einer Fritteuse (oder einer sehr tiefen Pfanne) reichlich Sonnenblumenöl auf 190°C erhitzen.

Inzwischen das Salz mit dem Pfeffer mischen und die Fischfilets auf beiden Seiten damit einreiben. Dadurch wird dem Fisch Wasser entzogen und er gerät „fleischiger". Mit einem Schneebesen das Mehl, das Bier und das Backpulver glatt rühren, der Ausbackteig sollte die Konsistenz von halb steifer Sahne haben. Die Fischfilets einzeln in Mehl wenden, in den Teig tauchen (überschüssigen Teig abtropfen lassen) und vorsichtig, um keine Fettspritzer abzubekommen, in das heiße Öl gleiten lassen. Wie viele Filets Sie auf einmal frittieren können, hängt von der Größe Ihrer Fritteuse oder Pfanne ab. Etwa 4 Minuten frittieren, der Backteig sollte goldbraun und knusprig sein. Auf einem Backblech bei 160-180°C im Ofen warm stellen, so bleibt der Teigmantel schön kross.

Die Kartoffelstäbchen im selben Öl bei 180°C frittieren, bis sie goldgelb sind. Auf Küchenpapier kurz abtropfen lassen, salzen und mit dem Fisch und dem Erbsenpüree servieren.

Zusammenfassung: Texte beantworten – implizite oder explizite – Fragen, so genannte Quaestiones. Sie tun dies in erster Linie mit ihren Hauptstrukturäußerungen, können darüber hinaus aber auch Nebenstrukturäußerungen enthalten. Aufgrund der Tatsache, dass Fragen in hohem Maße die Informationsstruktur von Antworten festlegen, legt die Quaestio eines Textes weitgehend die Informationsstruktur einzelner Hauptstrukturäußerungen des Textes fest.

Grundbegriffe: Quaestio-Modell, Quaestio, Sub-Quaestio, Diskurstopik, Hauptstruktur/Vordergrund, Nebenstruktur/Hintergrund.

Weiterführende Literatur: Klein und Stutterheim (1987) ist der Klassiker zum Quaestio-Modell und darüber hinaus kurz und gut verständlich; dort können weitere Einzelheiten über das Modell nachgelesen werden.

10. Auf und davon

Das wär's. Sie sind durch mit diesem Buch. Vielleicht sind Sie einfach froh, am Schluss angekommen zu sein. Wenn Sie aber festgestellt haben, dass Sie sich für die Thematik der Informationsstruktur interessieren, möchten Sie vielleicht in der einen oder anderen Richtung weiter lesen. Dazu gibt es am Ende der einzelnen Kapitel ja genügend Literaturhinweise, so dass Sie je nach Interessenlage in der einen oder anderen Richtung weiter lesen können.

Wenn Sie sich viele Teilfragen zugleich weiterverfolgen wollen, ist vielleicht Krifka und Musan (im Erscheinen) interessant für Sie; das Buch soll beispielweise unterschiedliche Sprachtypen darstellen, aber auch auf psycholinguistische Aspekte der Informationsstruktur und auf den Spracherwerb von Informationsstruktur eingehen, auf die im Rahmen dieser Einführung nicht eingegangen werden konnte. Für diese Gebiete gibt es leider kein zentrales Werk, das ich Ihnen zur ersten Lektüre empfehlen könnte. Informationen über einzelne Arbeiten zur Informationsstruktur im Spracherwerb findet man aber zum Beispiel über die Webseiten des Max-Planck-Institutes für Psycholinguistik in Nijmegen (Niederlande) [www.mpi.nl/research/research-projects/information-structure-project] und über die Webseiten des SFB 632 „Informationsstruktur: Die sprachlichen Mittel der Gliederung von Äußerung, Satz und Text" der Humboldt-Universität zu Berlin und der Universität Potsdam [www.sfb632.uni-potsdam.de, siehe insbesondere auch die Seite www.ling.uni-potsdam.de/sfb/projekt_c3.php].

Ich habe in diesem Buch schließlich auch einen weiteren, sehr umfangreichen Teil der in der Fachliteratur diskutierten Themen ganz ausgespart – ich meine die formale Semantik, die sich seit Mitte der achtziger Jahre intensiv mit Informationsstruktur auseinandergesetzt hat. Diesen Bereich habe ich nicht zu behandeln versucht, weil dieses Buch ja der ersten Einführung dienen soll und die semantischen Arbeiten zur Informationsstruktur wirklich nicht einfach zu verstehen sind; man muss dazu schon einige Erfahrungen im Bereich der Semantik gesammelt haben. Deshalb ist es auch schwierig, überhaupt etwas als Einstieg zu empfehlen. Ich denke aber, dass sich Rooth (1996) und Büring (1999) verhältnismäßig gut dafür eignen, einen ersten Einblick in die in dieser Literatur behandelten Fragen zu bekommen – immer mit der Einschränkung, dass gute Grundkenntnisse in formaler Semantik – ungefähr im Rahmen einer vierstündigen Lehrveranstaltung – Voraussetzung sind.

Das sollte Sie aber nicht abschrecken. Das Thema Informationsstruktur ist ausgesprochen vielseitig und faszinierend. Ich wünsche Ihnen viel Spaß und Erfolg dabei, wenn Sie es weiter verfolgen möchten.

Literatur

Altmann, Hans und Hahnemann, Suzan (2005): *Syntax fürs Examen. Studien- und Arbeitsbuch.* 2., überarbeitete und erweiterte Auflage. Opladen: VS Verlag für Sozialwissenschaften.

Altmann, Hans und Hofmann, Ute (2004): *Topologie fürs Examen. Verbstellung, Klammerstruktur, Stellungsfelder, Satzglied- und Wortstellung.* 2., überarbeitete und erweiterte Auflage. Opladen: VS Verlag für Sozialwissenschaften.

Altmann, Hans (2007): „Gradpartikel" In: Hoffmann, Ludger (ed.): *Handbuch der deutschen Wortarten.* Berlin, New York: de Gruyter, 357-385.

Behaghel, Otto (1909): „Beziehungen zwischen Umfang und Reihenfolge von Satzgliedern." *Indogermanische Forschungen* 25, 110-142.

Bolinger, Dwight (1958): "A theory of pitch accent in English." *Word* 14, 109-149.

Büring, Daniel (1997): *The meaning of topic and focus: the 59th Street Bridge accent.* London, New York: Routledge.

Büring, Daniel (1999): "Topic." In: Bosch, Peter und van der Sandt, Rob (eds.): *Focus. Linguistic, cognitive and computational perspectives.* Cambridge: Cambridge University Press, 142-165.

Büring, Daniel (2005): *Intonation und Informationsstruktur.* [Semanticsarchive.net/Archive/JIo0Tk30/burig.ids2005.pdf]

Büring, Daniel (2006): „Focus projection and default prominence." In: Molnár, Valéria und Winkler, Susanne (eds.): *The architecture of focus.* Berlin, New York: Mouton de Gruyter, 321-346.

Bußmann, Hadumod (ed.) (2002): *Lexikon der Sprachwissenschaft.* 3., aktualisierte und erweiterte Auflage. Stuttgart: Kröner.

Chafe, Wallace L. (1976): „Givenness, contrastiveness, definiteness, subjects, topics and point of view." In: Li, Charles N.: *Subject and Topic.* New York: Academic Press, 27-55.

Chafe, Wallace (1987): „Cognitive constraints on information flow." In: Tomlin, Russel S.: *Coherence and Grounding in Discourse.* Amsterdam: John Benjamins, 21-51.

Cohen, Antonie und ´t Hart, Johan (1967): „On the anatomy of intonation." *Lingua* 19, 177-192.

Daneš, Frantisek (1970): „Zur linguistischen Analyse der Textstruktur." *Folia Linguistica* IV, 72-78. Wieder abgedruckt in: Dressler, Wolfgang (ed.) (1978): *Textlinguistik.* Darmstadt: Wissenschaftliche Buchgesellschaft, 185-192. (= Wege der Forschung 427)

Duden (2009): Bd. IV, *Grammatik der deutschen Gegenwartssprache.* 8., überarbeitete Auflage. Mannheim: Bibliographisches Institut.

Féry, Caroline und Krifka, Manfred (2008): "Informational Structure: Notional Distinctions, Ways of Expression." In: van Sterkenburg, Piet (ed.): *Unity and diversity of languages.* Amsterdam: John Benjamins, 123-135.

Fiedler, Ines, Katharina Hartmann, Brigitte Reineke, Anne Schwarz und Malte Zimmermann (2006): „Subject focus in West African languages." In: Zimmermann, Malte und Féry, Caroline (eds.): *Information Structure in Different Perspectives*. Oxford: Oxford University Press.

Frey, Werner (2004): „A medial topic position for German." *Linguistische Berichte* 198, 153-190.

Gabelentz, Georg von der (1868): „Ideen zu einer vergleichenden Syntax – Wort- und Satzstellung." *Zeitschrift für Völkerpsychologie und Sprachwissenschaft* 6, 376-384.

Givón, Talmy (ed.) (1983): *Topic Continuity in Discourse: A Quantitative Cross- Language Study*. Amsterdam: John Benjamins.

Haftka, Brigitta (1993): „Topologische Felder und Versetzungsphänomene." In: Jacobs, Joachim, Arnim von Stechow und Wolfgang Sternefeld (eds.) (1993): *Syntax. Ein internationales Handbuch zeitgenössischer Forschung*. 1. Halbband. Berlin, New York: de Gruyter, 846-867.

Han, Jeonghan (1999): *Grammatical Codings of Information Structure in Korean: A Role and Reference Grammar Account*. Ph.D. Dissertation, State University of New York at Buffalo.

Höhle, Tilman (1992): „Über Verum-Fokus im Deutschen." In: Jacobs, Joachim (ed.): *Informationsstruktur und Grammatik*. Opladen: Westdeutscher Verlag, 112-141. (= Linguistische Berichte, Sonderheft 4)

Huang, C.-T. James (1984): "On the distribution and reference of empty pronouns." *Linguistic Inquiry* 15, 531-574.

Jacobs, Joachim (2001): „The dimensions of topic – comment." *Linguistics* 39, 641-681.

Kiss, Katalin É. (1998): „Identificational focus versus information focus." *Language* 74, 245-273.

Klein, Wolfgang (1979): „Wegauskünfte." *Zeitschrift für Literaturwissenschaft und Linguistik* 33, 9-57.

Klein, Wolfgang (2008): „The topic situation." In: Ahrenholz, Bernt, Ursula Bredel, Wolfgang Klein, Martina Rost-Roth und Romuald Skiba (eds.): *Empirische Forschung und Theoriebildung. Beiträge aus Soziolinguistik, Gesprochene-Sprache- und Zweitspracherwerbsforschung. Festschrift für Norbert Dittmar zum 65. Geburtstag*. Frankfurt am Main: Peter Lang, 287-305.

Klein, Wolfgang und Stutterheim, Christiane von (1987): „Quaestio und referentielle Bewegung in Erzählungen." *Linguistische Berichte* 109, 163-183.

Krifka, Manfred und Musan, Renate (eds.) (im Erscheinen): *The expression of information structure*. Berlin und New York: Mouton de Gruyter.

Lappin, Shalom und Leass, Herbert J. (1994): „An algorithm for pronominal anaphora resolution." *Computational Linguistics* 20, 535-561.

Lenerz, Jürgen (1977): *Zur Abfolge nominaler Satzglieder im Deutschen*. Tübingen: Narr.

Li, Charles N. und Thompson, Sandra A. (1976): „Subject and Topic: A new typology of language." In: Li, Charles N. (ed.): *Subject and Topic*. New York: Academic Press, 457-489.

Marty, Anton (1884): „Über subjektslose Sätze und das Verhältnis der Grammatik zu Logik und Psychologie." *Vierteljahresschrift für wissenschaftliche Philosophie* 8, 56-94.

Maienborn, Claudia (1996): *Situation und Lokation: Die Bedeutung lokaler Adjunkte von Verbalprojektionen.* Tübingen: Stauffenburg. (= Studien zur deutschen Grammatik 53)

Meibauer, Jörg, Ulrike Demske, Jochen Geilfuß-Wolfgang, Jürgen Pafel, Karl Heinz Ramers, Monika Rothweiler und Markus Steinbach (2007): *Einführung in die germanistische Linguistik.* 2., aktualisierte Auflage. Stuttgart, Weimar: Metzler.

Molnár, Valeria und Winkler, Susanne (eds.) (2006): *The Architecture of Focus.* Berlin und New York: Mouton de Gruyter.

Müller, Gereon (1998): *German Word Order and Optimality Theory.* Stuttgart/Tübingen: SFB 340 Working Papers 126.

Müller, Stefan (2005): „Zur Analyse der scheinbar mehrfachen Vorfeldbesetzung." *Linguistische Berichte* 203, 29-62.

Musan, Renate (2002): „Informationsstrukturelle Dimensionen im Deutschen." *Zeitschrift für Germanistische Linguistik* 30, 198-221.

Musan, Renate (2008): *Satzgliedanalyse.* Heidelberg: Winter Verlag.

Paul, Hermann (1880): *Prinzipien der Sprachgeschichte.* Nachdruck. Tübingen: Niemeyer, 1975.

Paul, Hermann (1919): *Deutsche Grammatik. Band III. Teil IV: Syntax (Erste Hälfte).* 5. Auflage. Halle (Saale): VEB Max Niemeyer Verlag, 1959.

Pause, Peter (1991): „Anaphern im Text." In: Wunderlich, Dieter und Stechow, Arnim von (eds.): *Handbuch Semantik.* Berlin, New York: de Gruyter, 548 559.

Preuss, Susanne, B. Schmitz, Christa Hauenschild und Carla Umbach (1994): „Anaphora Resolution in Machine Translation." In: Ramm, Wiebke (ed.): *Text and Context in Machine Translation. Studies in Machine Translation and Natural Language Processing.* Vol.6, 29-52.

Pittner, Karin und Berman, Judith (2004): *Deutsche Syntax. Ein Arbeitsbuch.* Tübingen: Narr.

Prince, Ellen (1981): "Towards a taxonomy of given-new information." In: Cole, Peter (ed.): *Radical Pragmatics.* New York: Academic Press, 223-256.

Prince, Ellen F. 1992. „The ZPG Letter: Subjects, Definiteness, and Information-status". In: Mann, William C. und Thompson, Sandra A. (eds.): *Discourse Description. Diverse Linguistic Analysis of a Fund-Raising Text.* Amsterdam, Philadelphia: John Benjamins, 295-325.

Reinhart, Tanya (1976): *The Syntactic Domain of Anaphora.* PhD thesis. Cambridge/Mass: MIT.

Reinhart, Tanya (1981): „Pragmatics and linguistics: an analysis of sentence topics." *Philosophica* 27, 53-94

Reinhart, Tanya (1991): „Pronouns." In: Wunderlich, Dieter und Stechow, Arnim von (eds.): *Handbuch Semantik.* Berlin, New York: de Gruyter, 535-548.

Rizzi, Luigi (1997): "The fine structure of the left periphery." In: Haegeman, Liliane (ed.): *Elements of Grammar: Handbook in Generative Syntax.* Dordrecht: Kluwer Academic Publishers, 281-337.

Rooth, Mats (1985): *Association with focus.* PhD thesis. University of Massachusetts at Amherst.

Rooth, Mats (1999): "Focus." In: Lappin, Shalom (ed.): *The Handbook of Contemporary Semantic Theory*. Oxford: Blackwell, 271-298.

Samek-Lodovici, Vieri (2006): "When right dislocation meets the left periphery: A unified analysis of Italian non-final focus." *Lingua* 116, 836-873.

Selkirk, Lisa (1984): *Phonology and Syntax. The Relation between Sound and Structure*. Cambridge/Mass.: MIT Press.

Umbach, Carla (2004): "On the Notion of Contrast in Information Structure and Discourse Structure." *Journal of Semantics* 21, 155-175.

Wöllstein, Angelika (in Vorbereitung): *Das topologische Satzmodell*. Heidelberg: Universitätsverlag Winter.

Zifonun, Gisela, Ludger Hoffmann und Bruno Strecker (1997): *Grammatik der deutschen Sprache*. 3 Bde. Berlin, New York: de Gruyter.

Glossar

Angabe Ausdruck, der zu einem Verb, Adjektiv, Nomen oder Satz eine Spezifikation oder nähere Beschreibung liefert, aber nicht durch die Valenz eines Ausdrucks gefordert ist.

Argument Ausdruck, der von der Valenz eines Verbs, Adjektivs oder Nomens vorgesehen ist und zu der davon bezeichneten Situation einen Rollenspieler beiträgt. Der Begriff deckt sich weitgehend mit dem der Ergänzung (siehe unten), schließt aber Adverbiale, die keine Rollenspieler sind, aus.

Ergänzung Ausdruck, der die Valenz eines anderes Ausdrucks füllt. Ergänzungen sind entweder obligatorisch (d.h. sie müssen im Satz realisiert werden) oder fakultativ (d.h. sie sind weglassbar). Einen Gegensatz zur Ergänzung stellt die Angabe dar. Subjekte und Objekte sind immer Ergänzungen; Adverbiale sind manchmal Ergänzungen.

Grundwortstellung Wortstellung, bei der die Wörter an den Positionen stehen, zu denen sie inhaltlich bzw. hinsichtlich ihrer Funktion gehören. Der Verbkomplex steht nach gängigen Annahmen zugrundeliegend in der rechten Satzklammer.

Homophon Gleichlautend.

Hyperonym Oberbegriff.

Hyponymie Unterbegriff.

Kopf/Kern einer Phrase Der Bestandteil einer Phrase, der die wesentlichen morphosyntaktischen Merkmale der anderen Phrasenbestandteile steuert.

Konstituente Aufgrund syntaktischer Gesichtspunkte gebildete sprachliche Einheit.

Mittelfeld Teil des deutschen Satzes zwischen dem linken und dem rechten Satzklammerfeld.

Nominalphrase Phrase, die ein Nomen als Kopf enthält.

Phrase Eine Gruppe von Wörtern oder auch ein einzelnes Wort, die in sich eine vollständige funktionale Einheit bildet und meist nur als Einheit im Satz umgestellt werden kann.

Satzklammerfelder Die Zonen oder Felder des deutschen Satzes, die durch Subjunktionen (linkes Satzklammerfeld), finite Verben (linkes und rechtes Satzklammerfeld) oder durch infinite Verben (rechtes Satzklammerfeld) besetzt sein können und Vorfeld, Mittelfeld und Nachfeld voneinander abgrenzen.

Semantische Rolle Verallgemeinernde Kategorisierung von Ergänzungen entsprechend ihrer Art des Beteiligt-Seins an der Situation, für deren Formulierung sie als Ergänzung dienen. Bekannte semantische Rollen sind zum Beispiel Agens, Experiencer, Benefizient oder Patiens.

Sprachuniversalien Eigenschaften, die auf alle Sprachen zutreffen.

Stellungsfelder Zonen des deutschen Satzes, die sich aus den Stellungsmöglichkeiten von Subjunktionen und Verben im linken und rechten Satzklammerfeld ergeben; die wichtigsten Felder sind Vorfeld, Mittelfeld, Nachfeld.

Synonym Gleichbedeutend.

Tonsprachen Sprachen, in denen Tonakzente auf lexikalischer Ebene die Bedeutung einzelner

Wörter mitbestimmen (z.B. Chinesisch)

Topologisches Modell Stellungsfeldermodell.

Verb-Endstellung Stellung des Verbs in seiner Grundstellung in der rechten Satzklammer, besonders oft in Nebensätzen zu beobachten.

Vor-Vorfeld Zone des deutschen Satzes vor dem Vorfeld.

Sachregister

* *7*
? *10*
Akkommodation *6*
Aktiviertheit *11*
Akzent *2*, *17*, *46*
  Wortunterscheidung 57
Alternativen *2*, *42*
  skalare *44*
Anaphernresolution *13*
anaphorisch *8*
Antezedens *7*, *13*
Anti-Topik-Sätze *30*
Assertion *60*
Assoziation mit Fokus *43*
Asterisk *7*
Bekanntheit *1, 4, 29*, *52*
  Abstufungen *9*
Belebtheit *23*, *68*
Brückenkontur *63*
Cleft-Satz 34
Deakzentuierung *22*, *50*
definite Nominalphrase *6, 23*
deiktisch *8*
Demonstrativpronomen *15*
Diskursreferent *4*
  Einführung *4*
  Rückbezug *7*
Diskurstopik *26*
Diskursuniversum *4*
Ellipse *74*
finite Nominalphrase *7*
Fokus *2*, *42*, *46*
Fokusexponent *46*
Fokuspartikel *43*
Fokusprojektion *47*
fokussensitiv *43*
Fokusvererbung *47*
Fragetest *18*, *28*, *46*
freies Topik *34*
Genus *13*
Givenness *1*
Hauptstruktur *81*
Hintergrund 2, *43*
Hörer *1*
Hutkontur *63*
Identifizierbarkeit *11*
indefinite Nominalphrase *5, 7, 23*
Index *7*
Information *20*
Informationsstand *1*
Informationsstruktur *1*
internes Argument *50*
Kasus *69*
kataphorisch *8*
Kommentar *2, 25*
kontextuelle Restriktionen *40*
Kontrast *43*
kontrastives Topik *62*
koreferent *7*
Lesart *70*
lexikalische Mittel *2, 7*, *77*
lineare Progression *37*
Linksversetzung 33
Mittelfeld *22*, *36*, *68*
Nebenstruktur *81*
Nicht-Aktiviertheit *11*
Nicht-Identifizierbarkeit *10*
Numerus *13*
Passivierung *33*
Personalpronomen *15*
Polaritätsfokus *51*
Possessivpronomen *15*
Präsupposition *6, 60*
Produzent *1*
Pronomen *7*, *23*
Proposition *20*
prosodische Mittel 2, *55*, *73*
Pro-Wort *8*
Pseudocleft-Satz *34*
psychologisches Prädikat *26*, *59*

psychologisches Subjekt *26*, *59*
Quaestio-Modell *79*
Rahmenausdrücke *40*
Referenz *7*
Reflexivpronomen *14*
Rezipient *1*
Rhema *60*
Satzadverbial *36*
Satzakzent *18*
Satztopik *26*
Scrambling *22*
semantische Rolle *32*
semantische Rollen *69*
Skopus *70*
Spaltsatz *34*
Sperrsatz *34*
Sprecher *1*
Stellungsfelder *65*
Subjekt *32*
Sub-Quaestio *89*
syntaktische Mittel 2, *64*, *75*
Terminologie *59*
Thema *60*
thematische Progression *37*
Thematisierungsformel *34*
thetische Sätze *30*
Topic-Drop *74*
Topik *2*, *25*
Topikalisierung *35*
Topikkette *37*
Topik-Linksversetzung, lose *33*
Universalien *32*
Verum-Fokus *51*
Vorfeld *35*, *65*
Weltwissen 6, *16*
W-Frage *18*, *46*
Wortakzent *19*
Wortstellung *64*
Wortstellungspräferenzen *23*, *68*
Zugänglichkeit *11*